No Reino dos Caboclos

Ademir Barbosa Júnior
(Dermes)

No Reino dos Caboclos

© 2015, Editora Anúbis

Revisão:
Tânia Hernandes

Ilustração da capa:
Miro Souza

Projeto gráfico e capa:
Edinei Gonçalves

Dados Internacionais de Catalogação na Publicação (CIP)
(Câmara Brasileira do Livro, SP, Brasil)

Barbosa Júnior, Ademir
   No reino dos caboclos / Ademir Barbosa Júnior. -- São Paulo: Anúbis, 2015.

   ISBN 978-85-67855-31-8

   1. Espiritualidade 2. Mensagens 3. Umbanda (Culto) I. Título.

15-01904   CDD-299.60981

Índices para catálogo sistemático:
1. Umbanda : Religiões afro-brasileiras   299.60981

São Paulo/SP – República Federativa do Brasil
Printed in Brazil – Impresso no Brasil

Este livro segue as novas regras do Acordo Ortográfico da Língua Portuguesa.

Os direitos de reprodução desta obra pertencem à Editora Anúbis. Portanto, não é permitida a reprodução total ou parcial desta obra, de qualquer forma ou por qualquer meio eletrônico, mecânico, inclusive por meio de processos xerográficos, incluindo ainda o uso da internet, sem a permissão expressa por escrito da Editora (Lei nº 9.610, de 19.2.98).

Distribuição exclusiva
Aquaroli Books
Rua Curupá, 801 – Vila Formosa – São Paulo/SP
CEP 03355-010 – Tel.: (11) 2673-3599
atendimento@aquarolibooks.com.br

Impressão e acabamento: Mark Press Brasil

Dedico este livro, de modo especial, a meus pais Ademir Barbosa e Laís Fabretti Barbosa, à minha irmã Arianna Theresa; à tia Nair Barbosa e ao tio Amadeu (in memoriam), dirigentes do antigo Terreiro Caboclo Sete Flechas (Piracicaba – SP); à Iya Senzaruban e aos irmãos do Ilê Iya Tundé (Itanhaém/Taboão da Serra – SP), casa onde saí Ogã de Oxum; à Mãe Karol de Iansã, minha esposa e dirigente espiritual da Tenda de Umbanda Mãe Iansã e Caboclo Jiboia.

Sumário

Introdução 11
Oração ao Caboclo Pena Branca 15

PARTE 1
Caboclos

Caboclos 21
    Saudações 24
    Linha de Oxóssi (Umbanda) 27
    O Caboclo das Sete Encruzilhadas.... 31
    Candomblé de Caboclo 42

PARTE 2
Oxóssi: Regente Maior dos Caboclos

Oxóssi 45
   Irmãos de Oxóssi (teogonia/teologia/
   mitologia) 49
   Registros 56

PARTE 3
Umbanda: uma religião que nasce do brado de um Caboclo

Umbanda 81

PARTE 4
Caboclos e Caboclas: alguns registros

Algumas características 101
Pontos cantados 103
   Caboclo Pena Branca 103
   Caboclo Cobra Coral 104
   Caboclo Tupinambá 104
   Caboclo Sete Flechas 105
   Caboclo Jiboia 105

    Caboclo Arariboia 106
    Cabocla Jurema. 107
    Caboclo Arranca-Toco 107
    Caboclo Beira-Mar 108
    Cabocla Jupira 108
    Caboclo Flecha Dourada. 109
    Caboclinha da Mata 110
    Caboclo Rompe-Mato. 110
    Cabocla Juçara 111
    Cabocla Jacira. 111
    Caboclo das Pedreiras 111
    Caboclo Sete Montanhas. 112
Pontos riscados – por que não
    reproduzi-los 113
Caboclo das Sete Encruzilhadas – Padre
    Gabriel Malagrida 119
Os Caboclos no Vale do Amanhecer. 127
Bibliografia 129
    Jornais e revistas 137
    Sítios na Internet 138
O Autor 141

Introdução

Este livro é um pequeno mosaico sobre os Caboclos, estes Guias tão importantes para o socorro e o aprendizado espirituais, cuja ação ultrapassa as fronteiras das religiões de matrizes indígenas e africanas para chegar, ecumenicamente e sob formas diversas, ao coração de todos aqueles que necessitam de luz, orientação, alento e esperança.

Sou umbandista e durante quatro anos estive na T. U. Caboclo Pena Branca e Mãe Nossa Senhora Aparecida (Piracicaba – SP). Tenho no Caboclo Pena Branca um pai, um mestre, um professor. De seus muitos ensinamentos, destaco dois. O primeiro me serve de conforto e o segundo, de estímulo:

1. "Ser espiritualizado é aprender a conviver com as diferenças e a ingratidão."
2. "Filho, enquanto os outros acham (seja quem for, seja quem for...), você tenha certeza."

Dedico este livro, de modo especial, a meus pais Ademir Barbosa e Laís Fabretti Barbosa, à minha irmã Arianna Theresa; à tia Nair Barbosa e ao tio Amadeu (*in memoriam*), dirigentes do antigo Terreiro Caboclo Sete Flechas (Piracicaba – SP); à Iya Senzaruban e aos irmãos do Ilê Iya Tundé (Itanhaém/Taboão da Serra – SP), casa onde saí Ogã de Oxum; às dirigentes espirituais e aos irmãos da T. U. Caboclo Pena Branca e Mãe Nossa Senhora Aparecida (Piracicaba – SP), casa onde aprendi muito e trabalhei um pouco durante quatro anos; à Mãe Sheila, Pai Douglas e irmãos da T. U. Mãe Severina e Caboclo Pena Verde (Sumaré – SP), casa onde dei continuidade ao aprendizado e à formação de segmento espiritual umbandista.

Agradeço particularmente ao Caboclo Sete Flechas, ao Caboclo Cobra Coral, ao Caboclo Tupinambá, ao Caboclo Arariboia, ao Caboclo das Sete Encruzilhadas e ao Caboclo Pena Verde. Eles sabem o porquê.

Agradeço, de modo especial, ao Caboclo Jiboia, pelo companheirismo, pela orientação, pela destreza, por saber como e onde pisar e por segurar na mão de seu filho.

Axé!

Ademir Barbosa Júnior
(Dermes)[1]

---

1. Presidente da Associação Brasileira dos Escritores Afro-religiosos (Abeafro).

Oração ao Caboclo Pena Branca

Caboclo,

Sua bênção!

Agradeço as tuas lições de coragem, força, determinação e humildade. Com passos firmes, me ensinaste a andar. Com sabedoria, me ensinaste a apurar o ouvido para distinguir o canto dos pássaros, o ruído das folhas, os passos dos que chegam para destruir a floresta.

Ando e corro pelas matas, sob o brilho de teus olhos, sabendo que, pés plantados no chão e corpo flexível, escorrego, mas não caio. Não há limo nas pedras que me derrube quando estás por perto para me ensinar onde pisar.

A Umbanda nasce do brado de um Caboclo. E é na Umbanda que aprendo a bradar e a ficar em silêncio. A ser corajoso, sem ser agressivo. A ser paciente, sem perder o foco. A distinguir entre a folha que salva e o veneno que mata. A ser digno com humildade.

Agradeço as lições de sabedoria, em volta do fogo, sentado em círculo.

Agradeço as lições de sobrevivência para os momentos de perigo.

Agradeço por me apurares os olhos e as mãos para eu identificar melhor e aprender a desarmar armadilhas.

Caboclo do verde de Oxóssi, és terra, água, fogo e ar, combinados em harmonia. És mestre porque sabes ser discípulo. És cacique e pajé, por isso batizas e curas, limpas, consagras e cruzas.

Eu sigo dançando na tua pisada.

Eu sigo os caminhos marcados por pedras, paus e folhas que deixas para mim. Eu sigo os caminhos riscados pela pemba.

Eu sigo até o caminho e eu nos tornarmos um.

Okê, Caboclo!

Ademir Barbosa Júnior
(Dermes)

Ser espiritualizado é aprender a conviver com as diferenças e a ingratidão.

Caboclo Pena Branca

PARTE 1

Caboclos

Caboclos

A Umbanda possui diversas linhas, todas de suma importância, contudo seu tripé (base) é formado pelos Caboclos, pelos Pretos-Velhos e pelas Crianças. Na Umbanda, Oxóssi é o regente maior dos Caboclos.

Também conhecidos como Caboclos de Pena, formam verdadeiras aldeias e tribos no Astral, representados simbolicamente pela cidade da Jurema, pelo Humaitá e outros.

Existem falanges e especialidades diversas, como as de caçadores, feiticeiros, justiceiros, agricultores, rezadores, parteiras e outros, sempre a serviço da Luz, na linha de Oxóssi e na vibração de diversos Orixás. A cor característica dos Caboclos é o verde leitoso, enquanto a das Caboclas é o verde transparente. Seu principal ponto de força são as matas.

Nessa roupagem e pelas múltiplas experiências que possuem (encarnações como cientistas, médicos, pesquisadores e outros), geralmente são escolhidos por Oxalá para serem os Guias-Chefe dos médiuns, representando o Orixá de cabeça do médium de Umbanda (Em alguns casos, os Pretos-Velhos é que assumem tal função.). Na maioria dos casos, portanto, os Caboclos vêm na irradiação do Orixá masculino da coroa do médium, enquanto as Caboclas, na irradiação do Orixá feminino da coroa mediúnica. Todavia, os Caboclos também podem vir na irradiação do próprio Orixá de quando estava encarnado, ou na do Povo do Oriente.

Atuam em diversas áreas e em várias tradições espirituais e/ou religiosas, como no chamado Espiritismo Kardecista ou de Mesa Branca.

Simples e determinados, infundem luz e energia em todos. Representam o conhecimento e a

No Reino dos Caboclos

sabedoria que vêm da terra, da natureza, comumente desprezados pela civilização, a qual, paradoxalmente, parece redescobri-los.

Também nos lembram da importância do elemento indígena em nossa cultura, a miscigenação de nosso povo e que a Umbanda sempre está de portas abertas para todo aquele, encarnado ou desencarnado, que a procurar.

Os brados dos Caboclos possuem grande força vibratória, além de representarem verdadeiras senhas de identificação entre eles, que ainda se cumprimentam e se abraçam enquanto emitem esses sons. Brados e assobios são verdadeiros mantras que ajudam na limpeza e no equilíbrio de ambientes, pessoas etc. O mesmo vale para o estalar de dedos, uma vez que as mãos possuem muitíssimos terminais nervosos: os estalos de dedos se dão sobre o chamado Monte de Vênus (porção mais gordinha da mão), descarregando energias deletérias e potencializando as energias positivas, de modo a promover o reequilíbrio.

Saudações

Sempre com o sentido de "Salve, Caboclo!" e "Salve, Cabocla!":

Okê Bamboclim!

Okê Caboclo!

Okê Cabocla!

Características gerais conforme a irradiação dos Orixás	
Caboclos de Iansã	Trabalham para várias finalidades, mas especialmente para emprego e para a prosperidade, pelo fato de Iansã ter forte ligação com Xangô. Bastante conhecidos pelo passe de dispersão (descarrego). Rápidos e de grande movimentação (deslocamento), são diretos no falar, por vezes causando surpresa no interlocutor.
Caboclos de Iemanjá	Rodam bastante, incorporam com suavidade, contudo mais rápido do que os Caboclos de Oxum. São mais conhecidos por desmanchar trabalhos, aplicar passes, fazer limpeza espiritual, encaminhando para o mar as energias deletérias.

Características gerais conforme a irradiação dos Orixás	
Caboclos de Nanã	De incorporação contida, dançam pouco. Por meio dos passes, encaminham espíritos com baixa vibração. Aconselham bastante, explanando sobre carma e resignação. Esses Caboclos são raros.
Caboclos de Obaluaiê	Raro é vê-los trabalhando incorporados, e quando isso acontece, seus médiuns têm Obaluaê como Orixá de cabeça. Trata-se de velhos pajés. Movimentam-se pouco. Sua incorporação parece-se bastante com a de um Preto-Velho (Alguns desses Caboclos utilizam-se de cajados para caminhar.). Atuam em campos diversos da magia.
Caboclos de Ogum	Com incorporação rápida e mais afeita ao chão, não costumam rodar. Suas consultas são diretas. Conhecidos pelos trabalhos no campo profissional, seus passes geralmente são destinados a doar força física e aumentar o ânimo do consulente.
Caboclos de Oxalá	Mais conhecidos por dirigir os demais Caboclos, deslocam-se pouco, mantendo-se fixados em determinado ponto do terreiro. Mais conhecidos pelos passes de energização, raramente dão consulta.

Características gerais conforme a irradiação dos Orixás	
Caboclos de Oxóssi	Rápidos, locomovem-se bastante e dançam muito. Geralmente chefes de Linha, atuam em diversas áreas, em especial com banhos e defumadores.
Caboclos de Oxum	A incorporação se dá principalmente pelo chacra cardíaco. Gostam de rodar e são comumente suaves. Concentram-se tanto nos passes de dispersão quanto nos de energização, com ênfase no alívio emocional do consulente. São conhecidos por lidar com depressão, desânimos e outros desequilíbrios psíquicos. Suas consultas geralmente levam o consulente a refletir bastante.
Caboclos de Xangô	Com incorporações rápidas e contidas, costumam arriar seus médiuns no chão. Diretos na fala aos consulentes, atuam bastante com passes de dispersão. Principais áreas de atuação: emprego e realização profissional, causas judiciais e imóveis.

Linha de Oxóssi (Umbanda)

Fala, passes, trabalhos e conselhos: tudo é sereno, seguro e forte nas entidades regidas por Oxóssi, o Caçador das Almas. Seus pontos cantados evocam a natureza e sua espiritualidade, notadamente a das matas.

Sete chefes de legião da vibração espiritual de Oxóssi (Esta forma de apresentação da Espiritualidade, como as demais, não é fixa e necessariamente comum a todas as casas.)	
Caboclo Arranca-Toco	Representante da vibração espiritual
Caboclo Arariboia	Intermediário para Ogum
Caboclo Arruda	Intermediário para Oxalá
Caboclo Cobra Coral	Intermediário para Xangô
Caboclo Tupinambá	Intermediário para Yorimá
Cabocla Jurema	Intermediário para Yori
Caboclo Pena Branca	Intermediário para Iemanjá

A roupagem fluídica é a forma de apresentação de seres espirituais. Quando se trata de espíritos que encarnaram, geralmente se utilizam de roupagem fluídica de uma de suas encarnações. A esse respeito, veja-se o caso do Caboclo das Sete Encruzilhadas, que, em sua primeira comunicação pública foi visto como um sacerdote por um dos médiuns, de fato também uma de suas encarnações.

O senso comum afirma que Caboclos e Pretos-Velhos não incorporam em centros espíritas. Na verdade, "baixam" e com roupagens fluídicas diversas. Vale lembrar que a Umbanda nasceu "oficialmente" a partir da rejeição de Caboclos e Pretos-Velhos em mesas mediúnicas espíritas. De qualquer forma, com a ampliação do diálogo ecumênico e inter-religioso e, portanto, da fraternidade entre encarnados, têm ocorrido mais manifestações mediúnicas de Caboclos e Pretos-Velhos em casas espíritas também.

A respeito da roupagem fluídica, interessante exemplificar com textos de Feraudy e Pires. No primeiro caso, o autor trata da pluralidade de roupagens fluídicas e de um fenômeno imediato de substituição duma por outra. No segundo caso, de maneira romanceada, apresenta-se a roupagem de um Caboclo.

Roger Feraudy registra:

[...] mostrando que não existe a menor diferença entre o trabalho mediúnico de Umbanda e Kardecismo, o autor participou, anos atrás, de um trabalho que veio a confirmar essa assertiva.

Seus vizinhos na cidade do Rio de Janeiro trabalhavam em um centro de Umbanda, Tenda Mirim, ela como médium e seu marido como cambono. Em determinado dia, sua filha única, então com quatro anos de idade, teve uma febre altíssima. Depois de chamarem um médio, que não soube diagnosticar a origem dessa febre e como aumentava progressivamente, o marido pediu à mulher que recebesse o seu guia espiritual, caboclo Mata Virgem, chamando-me para auxiliar nesse trabalho. O caboclo Mata Virgem apresentou-se e mandou que o marido do seu aparelho tomasse nota de cinco ervas para fazer um chá que, segundo a entidade, resolveria o problema.

O vizinho, então, ponderou:

– Acredito que o senhor seja o seu Mata Virgem e que o chá irá curar a minha filha; porém, na Terra existem leis a que tenho que prestar contas. Sei que isso não acontecerá, mas se minha filha não ficar boa com seu chá ou mesmo morrer, o que direi às autoridades: que foi seu Mata Virgem quem mandou a menina tomar o chá?!?

O caboclo atirou o charuto que fumava no chão, adotou uma posição ereta e, calmo, disse em linguagem escorreita:

– Dê o chá que estou mandando – e elevando a voz –, doutor Bezerra de Menezes!

Por sua vez, em "A missionária", romance mediúnico intuído por Roger Pires, o narrador observa:

[...] Nesse exato momento, enxergou as três figuras ao lado da cama. Eram Jeremias e Melissa, postados próximos à cabeceira da doente, tendo estendidos, sobre ela, os braços. De suas mãos fluía uma radiosidade que

se espalhava por todo o corpo de Priscilla. A terceira figura era um 'índio' imponente, de uma estatura incomum, o rosto largo, a pele bronzeada, os olhos grandes e negros. Tinha na cabeça um cocar majestoso, cujas penas se estendiam até os tornozelos. A energia que dele emanava enchia o quarto. Fascinada com o quadro, no geral, Jéssica viu o 'índio' deslocar-se do lado dos outros e colocar-se aos pés da cama, o olhar manso, mas firme fixo na doente.

O Caboclo das Sete Encruzilhadas

Como se verá mais adiante, o Caboclo das Sete Encruzilhadas funda oficialmente, no plano terreno, a religião de Umbanda.

Gravação feita em 1971 por Lila Ribeiro, diretora da Tenda de Umbanda Luz, Esperança, Fraternidade (TULEF), do Rio de Janeiro:

A Umbanda tem progredido e vai progredir. É preciso haver sinceridade, honestidade e eu previno sempre aos companheiros de muitos anos: a vil moeda vai prejudicar a Umbanda; médiuns que irão se vender e que serão, mais tarde, expulsos, como Jesus expulsou os vendilhões do templo. O perigo do médium homem é a consulente mulher; do médium mulher é o consulente homem[2]. É preciso estar sempre de prevenção, porque os próprios obsessores que procuram atacar as nossas casas fazem com que toque alguma coisa no coração da mulher que fala ao pai de terreiro, como no coração do homem que fala à mãe de terreiro. É preciso haver muita moral para que a Umbanda progrida, seja forte e coesa. Umbanda é humildade, amor e caridade – esta a nossa bandeira. Neste momento, meus irmãos, me rodeiam diversos

---

2. Obviamente o recado não tem cunho moralista nem se restringe à atração heterossexual.

espíritos que trabalham na Umbanda do Brasil: Caboclos de Oxóssi, de Ogum, de Xangô. Eu, porém, sou da falange de Oxóssi, meu pai, e não vim por acaso, trouxe uma ordem, uma missão. Meus irmãos: sejam humildes, tenham amor no coração, amor de irmão para irmão, porque vossas mediunidades ficarão mais puras, servindo aos espíritos superiores que venham a baixar entre vós; é preciso que os aparelhos estejam sempre limpos, os instrumentos afinados com as virtudes que Jesus pregou aqui na Terra, para que tenhamos boas comunicações e proteção para aqueles que vêm em busca de socorro nas casas de Umbanda. Meus irmãos: meu aparelho já está velho, com 80 anos a fazer, mas começou antes dos 18. Posso dizer que o ajudei a casar, para que não estivesse a dar cabeçadas, para que fosse um médium aproveitável e que, pela sua mediunidade, eu pudesse implantar a nossa Umbanda. A maior parte dos que

Caboclos

trabalham na Umbanda, se não passaram por esta Tenda, passaram pelas que saíram desta Casa. Tenho uma coisa a vos pedir: se Jesus veio ao planeta Terra na humildade de uma manjedoura, não foi por acaso. Assim o Pai determinou. Podia ter procurado a casa de um potentado da época, mas foi escolher aquela que havia de ser sua mãe, este espírito que viria traçar à humanidade os passos para obter paz, saúde e felicidade. Que o nascimento de Jesus, a humildade que Ele baixou à Terra, sirvam de exemplos, iluminando os vossos espíritos, tirando os escuros de maldade por pensamento ou práticas; que Deus perdoe as maldades que possam ter sido pensadas, para que a paz possa reinar em vossos corações e nos vossos lares. Fechai os olhos para a casa do vizinho; fechai a boca para não murmurar contra quem quer que seja; não julgueis para não serdes julgados; acreditai em Deus e a paz entrará em vosso lar. É dos Evangelhos.

Eu, meus irmãos, como o menor espírito que baixou à Terra, mas amigo de todos, numa concentração perfeita dos companheiros que me rodeiam neste momento, peço que eles sintam a necessidade de cada um de vós e que, ao sairdes deste templo de caridade, encontreis os caminhos abertos, vossos enfermos melhorados e curados, e a saúde para sempre em vossa matéria. Com um voto de paz, saúde e felicidade, com humildade, amor e caridade, sou e sempre serei o humilde Caboclo das Sete Encruzilhadas.

Depoimento do escritor Leal de Souza sobre o Caboclo das Sete Encruzilhadas:

Se alguma vez tenho estado em contato consciente com algum espírito de luz, esse espírito é, sem dúvida, aquele que se apresenta sob o aspecto agreste, e o nome bárbaro de Caboclo das Sete Encruzilhadas.

Sentindo-o ao nosso lado, pelo bem-estar espiritual que nos envolve, pressentimos a

Caboclos

grandeza infinita de Deus, e, guiados pela sua proteção, recebemos e suportamos os sofrimentos com uma serenidade quase ingênua, comparável ao enlevo das crianças, nas estampas sacras, contemplando, da beira do abismo, sob as asas de um anjo, as estrelas no céu.

O Caboclo das Sete Encruzilhadas pertence à falange de Ogum, e, sob a irradiação da Virgem Maria, desempenha uma missão ordenada por Jesus. O seu ponto emblemático representa uma flecha atravessando um coração, de baixo para cima; a flecha significa direção, o coração sentimento, e o conjunto significa orientação dos sentimentos para o alto, para Deus.

Estava esse espírito no espaço, no ponto de intersecção de sete caminhos, chorando sem saber o rumo que tomasse, quando lhe apareceu, na sua inefável doçura, Jesus, e mostrando-lhe numa região da terra, as tragédias da dor e os dramas da paixão

No Reino dos Caboclos

humana, indicou-lhe o caminho a seguir, como missionário do consolo e da redenção. E em lembrança desse incomparável minuto de sua eternidade, e para se colocar ao nível dos trabalhadores mais humildes, o mensageiro de Cristo tirou o seu nome do número dos caminhos que o desorientavam, e ficou sendo o Caboclo das Sete Encruzilhadas.

Iniciou assim, a sua cruzada, vencendo, na ordem material, obstáculos que se renovam quando vencidos, e dos quais o maior é a qualidade das pedras com que se deve construir o novo templo. Entre a humildade e doçura extremas, a sua piedade se derrama sobre quantos o procuram, e não poucas vezes, escorrendo pela face do médium, as suas lágrimas expressam a sua tristeza, diante dessas provas inevitáveis a que as criaturas não podem fugir.

A sua sabedoria se avizinha da onisciência. O seu profundíssimo conhecimento da Bíblia e das obras dos doutores da Igreja autorizam a suposição de que ele, em alguma encarnação, tenha sido sacerdote, porém, a medicina não lhe é mais estranha do que a teologia.

Acidentalmente, o seu saber se revela. Uma ocasião, para justificar uma falta, por esquecimento, de um de seus auxiliares humanos, explicou, minucioso, o processo de renovação das células cerebrais, descreveu os instrumentos que servem para observá-las, e contou numerosos casos de fenômenos que as atingiram e como foram tratados na grande guerra deflagrada em 1914. Também, para fazer os seus discípulos compreenderem o mecanismo, se assim posso expressar-me, dos sentimentos explicou a teoria das vibrações e a dos fluidos, e numa ascensão gradativa, na mais singela das linguagens, ensinou a homens de cultura desigual as transcendentes leis astronômicas. De outra feita, respondendo a consulta de um espírita que é capitalista em São Paulo e representa interesses europeus, produziu um estudo admirável da situação financeira criada para a França, pela quebra do padrão ouro na Inglaterra.

A linguagem do Caboclo das Sete Encruzilhadas varia, de acordo com a mentalidade de seus auditórios. Ora chã, ora simples, sem um atavio, ora fulgurante nos arrojos da alta eloqüência, nunca desce tanto, que se abastarde, nem se eleva demais, que se torne inacessível.

A sua paciência de mestre é, como a sua tolerância de chefe, ilimitada. Leva anos a repetir, em todos os tons, através de parábolas, por meio de narrativas, o mesmo conselho, a mesma lição, até que o discípulo, depois de tê-la compreendido, comece a praticá-la.

A sua sensibilidade, ou perceptibilidade é rápida, surpreendendo. Resolvi, certa vez, explicar os Dez Mandamentos da Lei de Deus aos meus companheiros, e, à tarde, *quando me lembrei da reunião da noite, procurei, concentrando-me, comunicar-me com o missionário de Jesus, pedindo-lhe uma sugestão, uma idéia, pois não sabia como discorrer sobre o mandamento primeiro: Ao chegar à Tenda, encontrei o seu médium, que viera apressadamente das Neves, no município de São Gonçalo, por uma ordem recebida à última hora, e o Caboclo das Sete Encruzilhadas baixando em nossa reunião, discorreu espontaneamente sobre aquele mandamento, e, concluindo, disse-me: Agora, nas outras reuniões, podeis explicar aos outros, como é vosso desejo.*

E esse caso se repetiu: – havia necessidade de falar sobre as Sete Linhas de Umbanda, e, incerto sobre a de Xangô, implorei mentalmente, o auxílio desse espírito, e de novo o seu médium, por ordem de última hora, compareceu à nossa reunião, onde o grande guia esclareceu, numa alocução transparente, as nossas dúvidas sobre essa linha.

A primeira vez em que os videntes o vislumbraram, no início de sua missão, o Caboclo das Sete Encruzilhadas se apresentou como um homem de meia idade, a pele bronzeada, vestindo uma túnica branca, atravessada por uma faixa onde brilhava, em letras de luz, a palavra "CÁRITAS". Depois, e por muito tempo, só se mostrava como caboclo, utilizando tanga de plumas, e mais atributos dos pajés silvícolas. Passou, mais tarde, a ser visível na alvura de sua túnica primitiva, mas há anos acreditamos que só em algumas circunstâncias se reveste de forma corpórea, pois os videntes não o veem, e quando a nossa sensibilidade e outros guias assinalam a sua presença, fulge no ar uma vibração azul e uma claridade dessa cor paira no ambiente.

Para dar desempenho à sua missão na terra, o Caboclo das Sete Encruzilhadas fundou quatro Tendas em Niterói e nesta cidade, e outras fora das duas capitais, todas

da Linha Branca de Umbanda e Demanda.
[...]

Ponto cantado do Caboclo das Sete Encruzilhadas:

> Sua aldeia estava em festa
> Sua taba toda iluminada
> Saravá o Rei da Umbanda
> Salve Sete Encruzilhadas

Candomblé de Caboclo

Modalidade de Candomblé na qual também se trabalha com Caboclos. Durante algum tempo e, ainda hoje, em algumas casas, a participação dos Caboclos é velada, de modo a preservar a "pureza" ritual do Candomblé. Em determinadas casas, além dos chamados Caboclos de Pena, também trabalham os popularmente chamados Caboclos Boiadeiros, ou simplesmente Boiadeiros.

PARTE 2

Oxóssi: Regente Maior dos Caboclos

Oxóssi

Irmão de Exu e Ogum, filho de Oxalá e Iemanjá ou, em outras lendas, de Apaoka, a jaqueira; rei de Ketu; Orixá da caça e da fartura.

Associado ao frio, à noite e à lua, suas plantas são refrescantes. Ligado à floresta, à árvore, aos antepassados, Oxóssi, enquanto caçador, ensina o equilíbrio ecológico, e não o aspecto predatório da relação do homem com a natureza, a concentração, a determinação e a paciência necessárias para a vida ao ar livre.

Rege a lavoura e a agricultura.

Na Umbanda, de modo geral, amalgamou-se ao Orixá Ossaim no que toca aos aspectos medicinais, espirituais e ritualísticos das folhas e plantas.

Como no Brasil a figura mítica do indígena habitante da floresta é bastante forte, a representação de Oxóssi, por vezes, aproxima-se mais do índio do que do negro africano.

Não à toa, Oxóssi rege a Linha dos Caboclos, e o Candomblé; em muitos Ilês, abriu-se para o culto aos Caboclos, de maneira explícita, ou mesmo camuflada, para não desagradar aos mais tradicionalistas.

No âmbito espiritual, Oxóssi caça os espíritos perdidos, buscando trazê-los para a Luz. Sábio mestre e professor, representa a sabedoria e o conhecimento espiritual, com os quais alimenta os filhos, fortificando-os na fé.

Os Inquices são divindades dos cultos de origem banta. Correspondem aos Orixás iorubanos e da Nação Ketu. Dessa forma, por paralelismo, os Inquices, em conversas do povo-de-santo aparecem como sinônimos de Orixás.

Também entre o povo-de-santo, quando se usa o termo Inquice, geralmente se refere aos Inquices masculinos, ao passo que Inquice Amê refere-se aos Inquices femininos.

O vocábulo Inquice vem do quimbundo *Nksi* (plural: *Mikisi*), significando "Energia Divina".

– NGUNZU: Inquice dos caçadores de animais, pastores, criadores de gado e dos que vivem embrenhados nas profundezas das matas, dominando as partes onde o Sol não penetra.

– KABILA: O caçador e pastor. Aquele que cuida dos rebanhos da floresta. Paralelismo com o Orixá Oxóssi.

– MUTALAMBÔ, LAMBARANGUANGE OU KIBUCO MUTOLOMBO: Caçador, vive em florestas e montanhas. Inquice da fartura, da comida abundante. Paralelismo com o Orixá Oxóssi.

– MUTAKALAMBÔ: Senhor das partes mais profundas e densas das florestas, onde o Sol não alcança o solo por não penetrar pela copa das árvores. Paralelismo com o Orixá Oxóssi.

Vodum é divindade do povo Fon (antigo Daomé). Refere-se tanto aos ancestrais míticos quanto aos ancestrais históricos. No cotidiano dos terreiros, por paralelismo, o vocábulo é empregado também como sinônimo de Orixá. É bastante evidente a semelhança de características entre os mais conhecidos Orixás, Inquices e Voduns. "Vodum" é a forma aportuguesada de "vôdoun".

Ji-vodun	Voduns do alto, chefiados por Sô (Heviossô).
Ayi-vodun	Voduns da terra, chefiados por Sakpatá.
Tô-vodun	Voduns próprios de determinada localidade. Diversos.
Henu-vodun	Voduns cultuados por certos clãs que se consideram seus descendentes. Diversos.

Mawu (gênero feminino) é o Ser Supremo dos povos Ewe e Fon, que criou a Terra, os seres vivos e os voduns. Mawu associa-se a Lissá (gênero masculino), também responsável pela criação, e os voduns são filhos e descendentes de ambos. A divindade dupla Mawu-Lissá é chamada de Dadá Segbô (Grande Pai Espírito Vital).

Agué, Vodum da caça e protetor das florestas, faz paralelismo com o Orixá Oxóssi ou com o Orixá Ossaim.

Irmãos de Oxóssi (teogonia/teologia/mitologia)

Exu

Conhecido pelos Fons como Legba ou Legbara, o Exu iorubano é Orixá bastante controvertido e de difícil compreensão, o que, certamente, o levou a ser identificado com o Diabo cristão.

Responsável pelo transporte das oferendas aos Orixás e também pela comunicação dos mesmos, é, portanto, seu intermediário. Como reza o antigo provérbio: "Sem Exu não se faz nada.".

Seu arquétipo é o daquele que questiona as regras, para quem nem sempre o certo é certo, ou o errado, errado.

Assemelha-se bastante ao Trickster dos indígenas norte-americanos. Seus altares e símbolos são fálicos, pois ele representa a energia criadora e o vigor da sexualidade.

Responsável por vigiar e guardar as passagens, é aquele que abre e fecha os caminhos. Ajuda a encontrar meios para o progresso além da segurança do lar e protege contra os mais diversos perigos e inimigos.

De modo geral, o Orixá Exu não é diretamente cultuado na Umbanda, mas sim os Guardiões (Exus) e Guardiãs (Pombogiras).

Ogum

Filho de Iemanjá, irmão de Exu e Oxóssi, deu a este último suas armas de caçador.

Orixá do sangue que sustenta o corpo, da espada, da forja e do ferro, é padroeiro daqueles que manejam ferramentas, tais como barbeiros, ferreiros, maquinistas de trem, mecânicos, motoristas de caminhão, soldados e outros.

Patrono dos conhecimentos práticos e da tecnologia, simboliza a ação criadora do homem sobre a natureza, a inovação e a abertura de caminhos em geral.

Foi casado com Iansã e posteriormente com Oxum, entretanto vive só, pelas estradas, lutando e abrindo caminhos.

Senhor dos caminhos (Isto é, das ligações entre lugares, enquanto Exu é o dono das encruzilhadas, do tráfego em si.) e das estradas de ferro, protege, ainda, as portas de casas e templos.

Sendo senhor da faca, no Candomblé, suas oferendas rituais vêm logo após as de Exu. Vale lembrar que, tradicionalmente, o Ogã de faca, responsável pelo corte (sacrifício animal), chamado Axogum, deve ser filho de Ogum.

Responsável pela aplicação da Lei, é vigilante, marcial, atento.

Na Umbanda, Ogum é o responsável maior pela vitória contra demandas (energias deletérias) enviadas contra alguém, uma casa religiosa etc.

Sincretizado com São Jorge, assume a forma mais popular de devoção, por meio de orações, preces, festas e músicas diversas a ele dedicadas.

Outros Orixás

Dada a relação entre Oxóssi e o verde das matas, cujas folhas possuem propriedades específicas, seguem algumas informações sobre Ossaim, Iroco e Logun-Edé.

Ossaim

Dada a relação entre Oxóssi e o verde das matas, cujas folhas possuem propriedades específicas, seguem algumas informações sobre Ossaim.

Orixá das plantas e das folhas, presentes nas mais diversas manifestações do culto aos Orixás, é, portanto, fundamental. Célebre provérbio dos terreiros afirma "Ko si ewé, ko si Orisà.", o que,

No Reino dos Caboclos

em tradução livre do iorubá significa "Sem folhas não há Orixá.".

Em algumas casas é cultuado como iabá (Orixá feminino). Alguns segmentos umbandistas trabalham com Ossaim, enquanto elemento masculino, e Ossanha, como elemento feminino.

Juntamente com Oxóssi, rege as florestas e é senhor dos segredos medicinais e magísticos do verde.

Representa a sabedoria milenar pré-civilizatória, a relação simbiótica do homem com a natureza, em especial com o verde.

Seja na Umbanda, onde na maioria das casas seu culto foi amalgamado ao de Oxóssi e dos Caboclos e Caboclas, no Candomblé, onde a figura do Babalossaim e do Mão-de-Ofá representaria uma estudo à parte, ou em outra forma de culto aos Orixás, o trato com as plantas e folhas é de extrema importância para a os rituais, a circulação de Axé e a saúde (física, psicológica e espiritual) de todos.

Oxóssi

Iroco (ou Iroko)

Na Nigéria, este Orixá é cultuado numa árvore do mesmo nome, substituída no Brasil pela gameleira-branca, que apresenta características semelhantes às da árvore africana.

Associado ao Vodun daomeano Loko (dinastia jeje) e ao inquice Tempo dos bantos, é, na realidade, o Orixá dos bosques nigerianos. Sua cor é o branco. Utiliza-se palha-da-costa em suas vestes. Sua comida é, dentre outras, o caruru, o deburu (pipoca) e o feijão-fradinho.

Geralmente, diante das casas de Candomblé, há uma grande árvore, com raízes saindo do chão, envolvida por um grande pano branco (alá). Trata-se de Iroco, protegendo cada casa, dando-lhe força e poder.

Na nação Angola, Iroco também é conhecido como Maianga ou Maiongá.

Orixá pouco cultuado na Umbanda.

Por sua vez, Tempo, também conhecido como Loko, e mesmo Iroko, é um Orixá originário de

Iwere, na parte leste de Oyó (Nigéria). Sua importância é fundamental na compreensão da vida. Geralmente é associado à Iansã (e vice-versa), senhora dos ventos e das tempestades.

Segundo célebre provérbio: "O Tempo dá, o Tempo tira, o Tempo passa e a folha vira.". O Tempo também é visto como o próprio céu, o espaço aberto.

Na Umbanda, é associado principalmente a Iansã.

Logun-Edé

Filho de Oxum e Oxóssi, vive metade do ano na água (como mulher) e a outra metade no mato (como homem). Em seu aspecto feminino, usa saia cor-de-rosa e coroa de metal, assim como um espelho. Em seu aspecto masculino, capacete de metal, arco e flecha, capangas e espada. Veste sempre cores claras. Sua origem é ijexá (Nigéria).

Príncipe dos Orixás, combina a astúcia dos caçadores com a paciência dos pescadores. Seus pontos de força na natureza compreendem barrancas, beiras de rios, vapor fino sobre as lagoas que se espraia pela mata nos dias quentes. Vivencia plenamente os dois reinos, o das águas e o das matas.

Por seu traço infantil e hermafrodita, nunca se casou, preferindo a companhia de Euá, que, assim como Logun-Edé, vive solitária e nos extremos de mundos diferentes. Solidário, preocupa-se com os que nada têm, empático com seus sofrimentos, distribuindo para eles caça e riqueza.

Registros

A oralidade é bastante privilegiada no Candomblé, tanto para a transmissão de conhecimentos e segredos (os awós) quanto para a aprendizagem de textos ritualísticos. Nesse contexto, entre cantigas e rezas, que recebem nomes diversos conforme a Nação, destacam-se os itãs e os orikis.

Itãs são relatos míticos da tradição iorubá, notadamente associados aos 256 odus (16 odus principais X 16).

Conforme a tradição afro-brasileira, cada ser humano é ligado diretamente a um Odu, que lhe indica seu Orixá individual, bem como sua identidade mais profunda. Variações à parte (Nações, casas etc.), os dezesseis Odus principais são assim distribuídos:

Caídas	Odus	Regências
01 búzio aberto e 15 búzios fechados	Okanran	Fala: Exu Acompanham: Xangô e Ogum
02 búzios abertos e 14 búzios fechados	Eji-Okô	Fala: Ibejis Acompanham: Oxóssi e Exu
03 búzios abertos e 13 búzios fechados	Etá-Ogundá	Fala: Ogum
04 búzios abertos e 12 búzios fechados	Irosun	Fala: Iemanjá Acompanham: Ibejis, Xangô e Oxóssi
05 búzios abertos e 11 búzios fechados	Oxé	Fala: Oxum Acompanha: Exu
06 búzios abertos e 10 búzios fechados	Obará	Fala: Oxóssi Acompanham: Xangô, Oxum, Exu

Caídas	Odus	Regências
07 búzios abertos e 09 búzios fechados	Odi	Fala: Omulu/Obaluaê Acompanham: Iemanjá, Ogum, Exu e Oxum
08 búzios abertos e 08 búzios fechados	Eji-Onilé	Fala: Oxaguiã
09 búzios abertos e 07 búzios fechados	Ossá	Fala: Iansã Acompanham: Iemanjá, Obá e Ogum
10 búzios abertos e 06 búzios fechados	Ofun	Fala: Oxalufá Acompanham: Iansã e Oxum
11 búzios abertos e 05 búzios fechados	Owanrin	Fala: Oxumarê Acompanham: Xangô, Iansã e Exu
12 búzios abertos e 04 búzios fechados	Eji-Laxeborá	Fala: Xangô
13 búzios abertos e 03 búzios fechados	Eji-Ologbon	Fala: Nanã Buruquê Acompanha: Omulu/Obaluaê
14 búzios abertos e 02 búzios fechados	Iká-Ori	Fala: Ossaim Acompanham: Oxóssi, Ogum e Exu
15 búzios abertos e 01 búzio fechado	Ogbé-Ogundá	Fala: Obá
16 búzios abertos	Alafiá	Fala: Orumilá

 No Reino dos Caboclos

O vocábulo "itã" quase não é empregado na Umbanda, contudo os relatos míticos/mitológicos se disseminam com variações, adaptações etc.

Uma das características da Espiritualidade do Terceiro Milênio é a (re)leitura e a compreensão do simbólico. Muitos devem se perguntar como os Orixás podem ser tão violentos, irresponsáveis e mesquinhos, como nas histórias aqui apresentadas. Com todo respeito aos que creem nesses relatos ao pé da letra, as narrativas são caminhos simbólicos riquíssimos encontrados para tratar das energias de cada Orixá e de valores pessoais e coletivos. Ao longo do tempo puderam ser ouvidas e lidas como índices religiosos, culturais, pistas psicanalíticas, oralitura e literatura.

Para vivenciar a espiritualidade das religiões de matriz africana de maneira plena, é preciso distinguir a letra e o espírito, não apenas no tocante aos mitos e às lendas dos Orixás, mas também aos pontos cantados, aos orikis etc.

Quando se desconsidera esse aspecto, existe a tendência de se desvalorizar o diálogo ecumênico

Oxóssi

e inter-religioso, assim como a vivência pessoal da fé. O simbólico é um grande instrumento para a reforma íntima, o autoaperfeiçoamento, a evolução.

Ressignificar esses símbolos, seja à luz da fé ou da cultura, é valorizá-los ainda mais, em sua profundidade e também em sua superfície, ou seja, em relação ao espírito e ao corpo, à transcendência e ao cotidiano, uma vez que tais elementos se complementam.

Um ouvinte/leitor mais atento à interpretação arquetípica psicológica (ou psicanalista) certamente se encantará com as camadas interpretativas da versão apresentada para o relato do ciúme que envolve Obá e Oxum em relação ao marido, Xangô.

Os elementos falam por si: Oxum simula cortar as duas orelhas para agradar ao marido; Obá, apenas uma. O ciúme, como forma de apego, é uma demonstração de afeto distorcida unilateral, embora, geralmente, se reproduza no outro, simbioticamente, pela lei de atração dos semelhantes, segundo a qual não há verdugo e vítima, mas cúmplices, muitas vezes inconscientes.

A porção mutilada do ser é a orelha, que na abordagem holística, associa-se ao órgão sexual feminino, ao aspecto do côncavo, e não do convexo. Aliás, *auricula* (*orelha*, em latim) significa, literalmente, *pequena vagina*. O fato de não haver relação direta entre latim e iorubá apenas reforça que o inconsciente coletivo e a sabedoria ancestral são comuns a todos e independem de tempo e espaço.

Na definição de Nei Lopes, oriki é: "Espécie de salmo ou cântico de louvor da tradição iorubá, usualmente declamado ao ritmo de um tambor, composto para ressaltar atributos e realizações de um orixá, um indivíduo, uma família ou uma cidade.".

Enquanto gênero, o oriki é constantemente trazido da oralitura para a literatura, sofrendo diversas alterações. Uma delas é o chamado orikai, termo cunhado por Arnaldo Xavier, citado por Antonio Risério:

> *[...] para haicai (Poema de origem japonesa com características próprias, porém*

também com uma série de adaptações formais específicas à poesia de cada país.) que se apresente com oriki (Especialmente no que tange ao louvor e à ressignificação de atributos dos Orixás.).

Na Umbanda, os pontos cantados são alguns dos responsáveis pela manutenção da vibração das giras e de outros trabalhos. Verdadeiros mantras, mobilizam forças da natureza, atraem determinadas vibrações, Orixás, Guias e Entidades.

Com diversidade, o ponto cantado impregna o ambiente de determinadas energias enquanto o libera de outras finalidades, representa imagens e traduz sentimentos ligados a cada vibração, variando de Orixá para Orixá, Linha para Linha, circunstância para circunstância etc. Aliado ao toque e às palmas, o ponto cantado é um fundamento bastante importante na Umbanda e em seus rituais.

Em linhas gerais, dividem-se em pontos de raiz, trazidos pela Espiritualidade, e terrenos, elaborados por encarnados e apresentados à Espiritualidade, que os ratifica.

Há pontos cantados que migraram para a Música Popular Brasileira (MPB) e canções de MPB que são utilizadas como pontos cantados em muitos templos.

Finalidade dos pontos cantados	
Pontos de abertura e de fechamento de trabalhos.	Cantados no início e no final das sessões.
Pontos de boas-vindas.	Cantados em saudação aos dirigentes de outras casas presentes em uma sessão, convidando-os para, caso desejem, ficarem juntos com o corpo mediúnico.
Pontos de chegada e de despedida.	Cantados para incorporações e desincorporações.
Pontos de consagração do congá.	Cantados em homenagem aos Orixás e aos Guias responsáveis pela direção da casa.
Pontos de cruzamento de linhas e/ou falanges.	Cantados para atrair mais de uma vibração ao mesmo tempo, a fim trabalharem conjuntamente.
Pontos de cruzamento de terreiro.	Cantados quando o terreiro está sendo cruzado para o início da sessão.

Finalidade dos pontos cantados	
Pontos de defumação.	Cantados durante a defumação.
Pontos contra demandas.	Cantados quando, em incorporação, Guias e Entidades acharem necessário.
Pontos de descarrego.	Cantados quando são feitos descarregos.
Pontos de doutrinação.	Cantados para encaminhar um espírito sofredor.
Pontos de firmeza.	Cantados para fortalecer o trabalho que está sendo feito.
Pontos de fluidificação.	Cantados durante os passes ou quando algum elemento está sendo energizado.
Pontos de homenagem.	Cantados para homenagear Orixás, Guias e Guardiões.
Pontos de segurança ou proteção.	Cantados antes do trabalho e antes dos pontos de firmeza para proteger a corrente contra más influências.
Pontos de vibração.	Cantados para atrair a vibração de determinado Orixá, Guia ou Entidade.

A seguir, exemplos de itãs, orikis, pontos cantados, canções e orações.

Itãs

Oxóssi e Ogum são irmãos. Ogum nutre por Oxóssi um carinho especial.

Uma ocasião em que Ogum voltava de uma batalha, encontrou Oxóssi cercado de inimigos que já haviam destruído quase toda a aldeia. Oxóssi estava paralisado e com medo.

Embora cansado, Ogum lutou em favor do irmão até o amanhecer.

Vencedor, tranquilizou Oxóssi, dizendo que sempre poderia contar com o auxílio do irmão.

Ensinou Oxóssi a caçar e a abrir caminhos na mata. Também o ensinou a defender-se e a cuidar de si e dos seus.

Com o irmão seguro, Ogum podia voltar a guerrear.

Oxóssi

Fraternidade, irmandade, parceria são conceitos-chaves para a compreensão profunda da humanidade desse relato.

Na comemoração anual da colheita de inhames, um grande pássaro pousou no telhado do palácio, assustando a todos. O pássaro havia sido enviado pelas Mães Ancestrais, que não haviam sido convidadas.

Para abater a ave, o rei chamou os melhores caçadores do reino, dentre eles Oxotogum, o caçador das vinte flechas; Oxotogi, o caçador das quarenta flechas; Oxotadotá, o caçador das cinquenta flechas. Todos erraram o alvo e foram aprisionados pelo rei.

Então, Oxotocanxoxô, o caçador de uma flecha só, auxiliado por um ebó votivo para as Mães Ancestrais/Feiticeiras, sugerido por um babalaô à mãe do caçador, disparou sua flecha e matou a ave.

Todos celebraram o feito. Honrarias foram concedidas ao caçador, que passou a ser

 No Reino dos Caboclos

conhecido como Oxóssi, isto é, "o caçador Oxô é popular".

Escolhas. Tiro certeiro vale mais do que fama, aparência. Além disso, observe-se a negação da ancestralidade, da *anima* causando impacto negativo. Como observou Carl Gustav Jung, "Aquilo a que se resiste, persiste.".

Não se podia caçar naquele dia, dedicado às oferendas à Ifá.

Contudo, Oxóssi não se importou com isso e foi caçar.

Oxum, sua esposa, deixou o lar, pois não aguentava mais ver as desobediências do marido às interdições sagradas.

Na mata, Oxóssi ouviu um canto: "Não sou passarinho para ser morta por você...". O canto era de uma serpente, na verdade, Oxumaré.

Oxóssi não se importou e partiu a cobra com sua lança.

No caminho para a casa, continuou a ouvir o mesmo canto.

Cozinhou a caça e se fartou de comê-la.

No dia seguinte, pela manhã, Oxum retornou para ver como estava o marido e o encontrou morto. Ao seu lado, o rastro de uma serpente, que ia até a mata.

Oxum, então, procurou Orumilá e lhe ofereceu sacrifícios.

Orumilá deixou Oxóssi viver e lhe deu a função de proteger os caçadores.

Oxóssi era agora um Orixá.

Os interditos transgredidos trazem consequências. Uma delas é o amadurecimento por meio de experiências dolorosas que franqueiam uma nova realidade. No caso, Oxóssi se torna Orixá.

Oriki

O oriki é uma transcriação do iorubá para o português feita por Antonio Risério.

Oriki de Oxóssi 2 (fragmento)

Orixá, quando fecha, não abre caminho.
Caçador que come cabeça de bicho[3]
Caçador que come coco e milho.
Mora em casa de barro
Mora em casa de folha
Orixá da pele fresca.
Quando entra na mata
O mato se agita.
Ofá – o seu fuzil.
Uma flecha contra o fogo
E o fogo apagou.
Uma flecha contra o sol
E o sol sumiu.

O caçador de uma flecha só, conhecedor do verde das matas, é aqui celebrado em algumas de suas principais características.

---

3. Interessante notar que, especialmente para alguns Candomblés, cabeça de bicho é elemento incompatível de Oxóssi e de Logun-edé, seu filho com Oxum.

Pontos cantados

Eu vi chover, eu vi relampear
Mas mesmo assim o céu estava azul (2 X)
Afirma o ponto nas folhas da jurema
Oxóssi reina de norte a sul (2X)
Ele atirou
Ele atirou e ninguém viu (2 X)
Senhor Oxóssi é quem sabe
Onde a flecha caiu (2 X)

Oxóssi é Orixá da fartura, do conhecimento da espiritualidade. Os pontos cantados reforçam essas características.

MPB

Oxóssi
(Roque Ferreira)

Oxóssi, filho de Iemanjá
Divindade do clã de Ogum
É Ibualama, é Inlé
Que Oxum levou no rio

E nasceu Logunedé!
Sua natureza é da lua
Na lua Oxóssi é Odé Odé-Odé, Odé-Odé
Rei de Keto Caboclo da mata Odé-Odé.
Quinta-feira é seu ossé
Axoxó, feijão-preto, camarão e amendoim
Azul e verde, suas cores
Calça branca rendada
Saia curta estampada
Ojá e couraça prateada
Na mão ofá, iluquerê
Okê okê, okê arô, okê.
A jurema é a árvore sagrada
Okê arô, Oxóssi, okê okê
Na Bahia é São Jorge
No Rio, São Sebastião
Oxóssi é quem manda
Na banda do meu coração

Orações

Na oração, mais importantes que as palavras são a fé e o sentimento. Entretanto, as palavras têm força e servem como apoio para expressar devoção, alegria, angústias etc.

Vale lembrar que, tanto na letra (palavras) quanto no espírito (motivação, sentimento), JAMAIS uma prece deve ferir o livre-arbítrio de outrem.

Ademais, ao orar, deve-se também abrir o coração para ouvir as respostas e os caminhos enviados pela Espiritualidade de várias maneiras, durante a própria prece, e ao longo de inúmeros momentos e oportunidades ao longo do dia e da caminhada evolutiva de cada um.

No tocante às orações católicas, as mesmas devem ser compreendidas no contexto dos dogmas e preceitos dessa religião, embora, quem faça uso das mesmas, nem sempre se valha dos conceitos ao pé da letra.

Prece a Oxóssi

(Recolhida por Ernesto Santana)

Okê... Okê, cavaleiro de Aruanda
Okê... Rei dos Caboclos e das Matas
Senhor Oxóssi, que as suas matas
Possam estar repletas
De paz, harmonia e bem-aventurança.
Meu Pai Oxóssi, Rei dos Caçadores,
Não permitas que eu me torne
Uma presa dos malefícios
Nem dos meus inimigos[4].
Okê, Okê, meu pai Oxóssi,
Rei das Matas de Aruanda.
Okê Arô!

---

4. Etimologicamente, "inimigo" é o "não-amigo", aquele que nem sempre nos quer bem. Mas pode ser também aquele a quem fazemos ou desejamos mal. Portanto, oremos e vigiemos para evitar inimigos, em especial os do segundo grupo.

Orações a São Sebastião
(Principal forma de sincretismo com Oxóssi, na Umbanda.)

SÃO SEBASTIÃO (20 de janeiro) – Mártir da fé cristã, centurião que foi amarrado a um tronco e teve o corpo transpassado por flechas.

Oração a São Sebastião

Oh! Meu glorioso mártir São Sebastião! Soldado fiel e servo de Nosso Senhor Jesus Cristo, assim como vós fostes mártir transpassado e cravado com agudas setas num pé de laranjeira, por amor de Nosso Senhor Jesus Cristo filho de Deus vivo e onipotente, criador do céu e da terra.

Eu, criatura de Deus, imploro a vossa divina proteção perante Deus. Os anjos, santos apóstolos, mártires, arcanjos e a todos que estão na divina presença do Eterno Pai, filho do Espírito Santo. Imploro o vosso divino auxílio e proteção, que me guardai e defendei-me dos meus inimigos, andando, viajando, dormindo, acordado, trabalhando e negociando quebrantai-lhe as suas forças, ódio, vingança, furor ou qualquer mal que tiverem contra mim.

Olhos tenham não me vejam; mão tenham não me peguem nem me façam mal nenhum. Pés tenham, não me persigam, boca tenham, não falem nem mintam contra mim, armas, não tenham poder de me ferir, cordas, correntes não me amarrem.

As prisões para mim se abram as portas, arrebentem-se as chaves, esteja eu livre de guerra, o meu corpo esteja fechado contra todo mal que houver contra mim: fome peste e guerra, com o poder de Deus Padre, Deus Filho, Deus Espírito Santo, Jesus Maria José, pela sagrada morte e paixão de Nosso Senhor Jesus Cristo, pelas sete espadas, de dores de Maria Santíssima.

Com o seu divino manto me cubra e encape dos meus inimigos. Eu, criatura de Deus, fecharei o meu corpo contra todos os perigos, naufrágios, infortúnios e adversidades de minha sorte. Com Deus andarei, servirei, viverei e feliz serei.

Eu, criatura de Deus, me uno de corpo e alma ao meu redentor, Jesus Cristo perdão de meus pecados, senhor Deus, paz, a minha alma Senhor Deus, lembra-se das almas meus pais, amigos parentes e inimigos. Senhor Deus, dai-me saúde e força, valor para sofrer com paciência as fraquezas do meu próximo.

Arrancai e quebrantai de mim os maus pensamentos e fraquezas. Lembra-te de mim lá no teu paraíso como lembrai-vos do bom ladrão na cruz do Calvário.

Amém.

Oração a São Sebastião

>Glorioso mártir São Sebastião,
>soldado de Cristo
>e exemplo de cristão,
>hoje vimos pedir
>a vossa intercessão
>junto ao trono do Senhor Jesus,
>nosso Salvador,
>por Quem destes a vida.
>Vós que vivestes a fé
>e perseverastes até o fim,
>pedi a Jesus por nós

para que sejamos
testemunhas do amor de Deus.
Vós que esperastes com firmeza
nas palavras de Jesus,
pedi-Lhe por nós,
para que aumente
a nossa esperança na ressurreição.
Vós que vivestes a caridade
para com os irmãos,
pedi a Jesus para que aumente
o nosso amor para com todos.
Enfim, glorioso mártir São Sebastião,
protegei-nos contra a peste,
a fome e a guerra;
defendei as nossas plantações
e os nossos rebanhos,
que são dons de Deus para o nosso bem
e para o bem de todos.
E defendei-nos do pecado,
que é o maior
de todos os males.
Assim seja.

Oração a São Sebastião

Glorioso mártir São Sebastião, valoroso padroeiro e defensor da cidade do Rio de Janeiro, vós que derramastes vosso sangue e destes vossa vida em testemunho da fé em Nosso Senhor Jesus Cristo, alcançai-nos do mesmo Senhor, a graça de sermos vencedores dos nossos verdadeiros inimigos: o ter, o poder e o prazer, que fazem viver sem fé, sem esperança e sem caridade. Protegei, com a vossa poderosa intercessão, os filhos desta Terra. Livrai-nos de toda epidemia corporal, moral e espiritual. Fazei que se convertam aqueles que, por querer ou sem querer, são instrumentos de infelicidade para os outros. E que o justo persevere na sua fé e propague o amor de Deus, até o triunfo final. São Sebastião, Advogado contra a Epidemia, a Fome e a Guerra, rogai por nós.

PARTE 3

Umbanda: uma religião que nasce do brado de um Caboclo

Umbanda

Em linhas gerais, etimologicamente, Umbanda é vocábulo que decorre do Umbundo e do Quimbundo, línguas africanas, com o significado de "arte de curandeiro", "ciência médica", "medicina". O termo passou a designar, genericamente, o sistema religioso que, dentre outros aspectos, assimilou elementos religiosos afro-brasileiros ao espiritismo urbano (Kardecismo).[5]

---

5. Embora não seja consenso o uso do termo "Kardecismo" como sinônimo de "Espiritismo", ele é aqui empregado por ser mais facilmente compreendido.

Quanto ao sentido espiritual e esotérico, Umbanda significa "luz divina" ou "conjunto das leis divinas". A magia branca praticada pela Umbanda remontaria, assim, a outras eras do planeta, sendo denominada pela palavra sagrada Aumpiram, transformada em Aumpram e, finalmente, Umbanda.

De qualquer maneira, houve quem tivesse anotado, durante a incorporação do Caboclo das Sete Encruzilhadas anunciando o nome da nova religião, o nome "Allabanda", substituído por "Aumbanda", em sânscrito, "Deus ao nosso lado." ou "O lado de Deus.".

A Umbanda, assim como o Candomblé, é religião, e não seita. "Seita" geralmente refere-se pejorativamente a grupos de pessoas com práticas espirituais que destoam das ortodoxas. A Umbanda é uma religião constituída, com fundamentos, teologia própria, hierarquia, sacerdotes e sacramentos. Suas sessões são gratuitas, voltadas ao atendimento holístico (corpo, mente, espírito) e à prática da caridade (fraterna, espiritual, material), sem proselitismo. Em sua liturgia e em seus trabalhos espirituais vale-se do uso dos quatro elementos básicos: fogo, terra, ar e água.

É muito interessante fazer o estudo comparativo da utilização dos elementos, tanto por encarnados como pela Espiritualidade, na Umbanda, no Candomblé, no Xamanismo, na Wicca, no Espiritismo (Vide obra de André Luiz.), na Liturgia Católica (Leia-se o trabalho de Geoffrey Hodson, sacerdote católico liberal.) etc.

Este é um breve histórico do nascimento oficial da Umbanda, embora, antes da manifestação do Caboclo das Sete Encruzilhadas e do trabalho de Zélio Fernandino, houvesse atividades religiosas semelhantes ou próximas, no que se convencionou chamar de macumba[6].

No Astral, a Umbanda antecipa-se em muito ao ano de 1908 e diversos segmentos localizam sua origem terrena em civilizações e continentes que já desapareceram.

---

6. O termo aqui não possui obviamente conotação negativa.

Zélio Fernandino de Moraes, um rapaz de 17 anos que se preparava para ingressar na Marinha, em 1908 começou a ter aquilo que a família, residente em Neves, no Rio de Janeiro, considerava ataques. Os supostos ataques colocavam o rapaz na postura de um velho, que parecia ter vivido em outra época e dizia coisas incompreensíveis para os familiares; noutros momentos, Zélio parecia uma espécie de felino que demonstrava conhecer bem a natureza.

Após minucioso exame, o médico da família aconselhou que fosse ele atendido por um padre, uma vez que considerava o rapaz possuído. Um familiar achou melhor levá-lo a um centro espírita, o que realmente aconteceu: no dia 15 de novembro, Zélio foi convidado a tomar assento à mesa da sessão da Federação Espírita de Niterói, presidida à época por José de Souza.

Tomado por força alheia à sua vontade e infringindo o regulamento que proibia qualquer membro de ausentar-se da mesa, Zélio levantou-se e declarou: "Aqui está faltando uma flor.".

Deixou a sala, foi até o jardim e voltou com uma flor, que colocou no centro da mesa, o que provocou alvoroço. Na sequência dos trabalhos, manifestaram-se nos médiuns espíritos apresentando-se como negros escravos e índios.

O diretor dos trabalhos, então, alertou os espíritos sobre seu atraso espiritual, como se pensava comumente à época, e convidou-os a se retirarem. Novamente uma força tomou Zélio e advertiu: "Por que repelem a presença desses espíritos, se sequer se dignaram a ouvir suas mensagens? Será por causa de suas origens sociais e da cor?".

Durante o debate que se seguiu, procurou-se doutrinar o espírito, que demonstrava argumentação segura e sobriedade. Um médium vidente, então, lhe perguntou: "Por que o irmão fala nestes termos, pretendendo que a direção aceite a manifestação de espíritos que, pelo grau de cultura que tiveram, quando encarnados, são claramente atrasados? Por que fala deste modo, se estou vendo que me dirijo neste momento a um jesuíta e a sua veste branca reflete uma aura de luz? E qual o seu nome, irmão?".

Ao que o interpelado respondeu: "Se querem um nome, que seja este: sou o Caboclo das Sete Encruzilhadas, porque para mim, não haverá caminhos fechados. O que você vê em mim, são restos de uma existência anterior. Fui padre e o meu nome era Gabriel Malagrida. Acusado de bruxaria, fui sacrificado na fogueira da Inquisição em Lisboa, no ano de 1761. Mas em minha última existência física, Deus concedeu-me o privilégio de nascer como caboclo brasileiro.".

A respeito da missão que trazia da Espiritualidade, anunciou: "Se julgam atrasados os espíritos de pretos e índios, devo dizer que amanhã estarei na casa de meu aparelho, às 20 horas, para dar início a um culto em que estes irmãos poderão dar suas mensagens e, assim, cumprir a missão que o Plano Espiritual lhes confiou. Será uma religião que falará aos humildes, simbolizando a igualdade que deve existir entre todos os irmãos, encarnados e desencarnados.".

 No Reino dos Caboclos

Com ironia, o médium vidente perguntou-lhe: "Julga o irmão que alguém irá assistir a seu culto?".

O Caboclo das Sete Encruzilhadas lhe respondeu: "Cada colina de Niterói atuará como porta-voz, anunciando o culto que amanhã iniciarei.". E concluiu: "Deus, em sua infinita Bondade, estabeleceu que na morte, a grande niveladora universal, rico ou pobre, poderoso ou humilde, todos se tornariam iguais, mas vocês, homens preconceituosos, não contentes em estabelecer diferenças entre os vivos, procuram levar essas mesmas diferenças até mesmo além da barreira da morte. Por que não podem nos visitar esses humildes trabalhadores do espaço, se apesar de não haverem sido pessoas socialmente importantes na Terra, também trazem importantes mensagens do além?".

No dia seguinte, 16 de novembro, na casa da família de Zélio, à rua Floriano Peixoto, 30, perto das 20 horas, estavam os parentes mais próximos, amigos, vizinhos, membros da Federação Espírita e, fora da casa, uma multidão.

Às 20 horas manifestou-se o Caboclo das Sete Encruzilhadas e declarou o início do novo culto, no qual os espíritos de velhos escravos, que não encontravam campo de atuação em outros cultos africanistas, bem como de indígenas nativos do Brasil trabalhariam em prol dos irmãos encarnados, independentemente de cor, raça, condição social e credo.

No novo culto, encarnados e desencarnados atuariam motivados por princípios evangélicos e pela prática da caridade.

O Caboclo das Sete Encruzilhadas também estabeleceu as normas do novo culto: as sessões seriam das 20 horas às 22 horas, com atendimento gratuito e os participantes uniformizados de branco. Quanto ao nome, seria Umbanda: Manifestação do Espírito para a Caridade.

A casa que se fundava teria o nome de Nossa Senhora da Piedade, inspirada em Maria, que recebeu os filhos nos braços. Assim, a casa receberia todo aquele que necessitasse de ajuda e conforto. Após ditar as normas, o Caboclo respondeu a perguntas em latim e alemão formuladas por sacerdotes ali presentes. Iniciaram-se, então, os atendimentos, com diversas curas, inclusive a de um paralítico.

No mesmo dia, manifestou-se em Zélio um Preto-Velho chamado Pai Antônio, o mesmo que havia sido considerado efeito da suposta loucura do médium.

Com humildade e aparente timidez, recusava-se a sentar-se à mesa, com os presentes, argumentando: "Nêgo num senta não, meu sinhô, nêgo fica aqui mesmo. Isso é coisa de sinhô branco e nêgo deve arrespeitá.". Após insistência dos presentes, respondeu: "Num carece preocupá, não. Nêgo fica no toco, que é lugá de nêgo.".[7]

Continuou com palavras de humildade, quando alguém lhe perguntou se sentia falta de algo que havia deixado na Terra, ao que ele respondeu: "Minha cachimba. Nêgo qué o pito que deixou no toco. Manda mureque buscá.".

---

7. Certamente trata-se de um convite à humildade, e não de submissão e dominação racial.

Solicitava, assim, pela primeira vez, um dos instrumentos de trabalho da nova religião. Também foi o primeiro a solicitar uma guia, até hoje usada pelos membros da Tenda, conhecida carinhosamente como Guia de Pai Antônio.

No dia seguinte, houve verdadeira romaria à casa da família de Zélio. Enfermos encontravam a cura, todos se sentiam confortados, médiuns até então considerados loucos encontravam terreno para desenvolver os dons mediúnicos.

O Caboclo das Sete Encruzilhadas dedicou-se, então, a esclarecer e divulgar a Umbanda, auxiliado diretamente por Pai Antônio e pelo Caboclo Orixá Malê, experiente na anulação de trabalhos de baixa magia.

No ano de 1918, o Caboclo das Sete Encruzilhadas recebeu ordens da Espiritualidade para fundar sete tendas, assim denominadas: Tenda Espírita Nossa Senhora da Guia, Tenda Espírita Nossa Senhora da Conceição, Tenda Espírita Santa Bárbara, Tenda Espírita São Pedro, Tenda Espírita Oxalá, Tenda Espírita São Jorge e Tenda Espírita

São Jerônimo. Durante a encarnação de Zélio, a partir dessas primeiras tendas, foram fundadas outras 10 mil.

Mesmo não seguindo a carreira militar, pois o exercício da mediunidade não lhe permitira, Zélio nunca fez da missão espiritual uma profissão. Pelo contrário, chegava a contribuir financeiramente, com parte do salário, para as tendas fundadas pelo Caboclo das Sete Encruzilhadas, além de auxiliar os que se albergavam em sua casa. Também por conselho do Caboclo, não aceitava cheques e presentes.

Por determinação do Caboclo, a ritualística era simples: cânticos baixos e harmoniosos, sem palmas ou atabaques, sem adereços para a vestimenta branca e, sobretudo, sem corte (sacrifício de animais). A preparação do médium pautava-se pelo conhecimento da doutrina, com base no Evangelho, banhos de ervas, amacis e concentração nos pontos da natureza.

Com o tempo e a diversidade ritualística, outros elementos foram incorporados ao culto, no que tange ao toque, canto e palmas, às vestimentas e mesmo a casos de sacerdotes umbandistas que passaram a dedicar-se integralmente ao culto, cobrando, por exemplo, pelo jogo de búzios onde o mesmo é praticado, porém sem nunca deixar de atender àqueles que não podem pagar pelas consultas.

Mas as sessões permanecem públicas e gratuitas, pautadas pela caridade, pela doação dos médiuns. Algumas casas, por influência dos Cultos de Nação, praticam o corte, contudo essa é uma das maiores diferenças entre a Umbanda dita tradicional e as casas que se utilizam de tal prática.

Depois de 55 anos à frente da Tenda Nossa Senhora da Piedade, Zélio passou a direção para as filhas Zélia e Zilméa, continuando, porém, a trabalhar juntamente com sua esposa, Isabel (médium do Caboclo Roxo), na Cabana de Pai Antônio, em Boca do Mato, em Cachoeira de Macacu, no Rio de Janeiro.

Zélio Fernandino de Moraes faleceu no dia 03 de outubro de 1975, após 66 anos dedicados à Umbanda, que muito lhe agradece.

Embora chamada popularmente de religião de matriz africana, na realidade, a Umbanda é um sistema religioso formado de diversas matrizes, com diversos elementos cada:

Matrizes	Elementos mais conhecidos
Africanismo	Culto aos Orixás, trazidos pelos negros escravos, em sua complexidade cultural, espiritual, medicinal, ecológica etc. e culto aos Pretos-Velhos.
Cristianismo	Uso de imagens, orações e símbolos católicos. A despeito de existir uma Teologia de Umbanda, própria e característica, algumas casas vão além do sincretismo, utilizando-se mesmo de dogmas católicos.[8]

---

8. Há, por exemplo, casas de Umbanda com fundamentos teológicos próprios, enquanto outras rezam o terço com os mistérios baseados nos dogmas católicos e/ou se utilizam do Credo Católico, onde se afirma a fé na Igreja Católica (Conforme indicam Guias, Entidades e a própria etimologia, leia-se "católica" como "universal", isto é, a grande família humana.), na Comunhão dos Santos, na ressurreição da carne, dentre outros tópicos da fé católica. Isso em nada invalida a fé, o trabalho dos Orixás, das Entidades, das Egrégoras de Luz formadas pelo espírito, e não pela letra da recitação amorosa e com fé do Credo Católico.

Matrizes	Elementos mais conhecidos
Indianismo	Pajelança; emprego da sabedoria indígena ancestral em seus aspectos culturais, espirituais, medicinais, ecológicos etc.; culto aos caboclos indígenas ou de pena.
Kardecismo	Estudo dos livros da Doutrina Espírita, bem como de sua vasta bibliografia; manifestação de determinados espíritos e suas Egrégoras, mais conhecidas no meio Espírita, como os médicos André Luiz e Bezerra de Menezes. Utilização de imagens e bustos de Allan Kardec, Bezerra de Menezes e outros; estudo sistemático da mediunidade; palestras públicas.
Orientalismo	Estudo, compreensão e aplicação de conceitos como prana, chacra e outros; culto à Linha Cigana – que em muitas casas vem, ainda, em linha independente, dissociada da chamada Linha do Oriente.

Por seu caráter ecumênico, de flexibilidade doutrinária e ritualística, a Umbanda é capaz de reunir elementos os mais diversos, como os sistematizados.

Mais adiante, ao se tratar das Linhas da Umbanda, veremos que esse movimento agregador é incessante: como a Umbanda permanece de portas abertas aos encarnados e aos espíritos das mais diversas origens étnicas e evolutivas, irmãos de várias religiões chegam aos seus templos em busca de saúde, paz e conforto espiritual, bem como outras falanges espirituais juntam-se à sua organização.

Aspectos da Teologia de Umbanda	
Monoteísmo	Crença num Deus único (Princípio Primeiro, Energia Primeira etc.), conhecido principalmente como Olorum (influência iorubá) ou Zâmbi (influência Angola).
Crença nos Orixás	Divindades/ministros de Deus, ligadas a elementos e pontos de força da natureza, orientadores dos Guias e das Entidades, bem como dos encarnados.

Aspectos da Teologia de Umbanda	
Crença nos Anjos	Enquanto figuras sagradas (e não divinas) são vistas ou como seres especiais criados por Deus (Influência do Catolicismo.), ou como espíritos bastante evoluídos (Influência do Espiritismo/Kardecismo.).
Crença em Jesus Cristo	Vindo na Linha de Oxalá e, por vezes, confundido com o próprio Orixá, Jesus é visto ou como Filho Único e Salvador (Influência do Catolicismo/ do Cristianismo mais tradicional.), ou como o mais evoluído dos espíritos que encarnaram no planeta, do qual, aliás, é governador (Influência do Espiritismo/Kardecismo.).
Crença na ação dos espíritos	Os espíritos, com as mais diversas vibrações, agem no plano físico. A conexão com eles está atrelada à vibração de cada indivíduo, razão pela qual é necessário estar sempre atento ao "Orai e vigiai." preconizado por Jesus.

Aspectos da Teologia de Umbanda	
Crença nos Guias e nas Entidades	Responsáveis pela orientação dos médiuns, dos terreiros, dos consulentes e outros, sua atuação é bastante ampla. Ao auxiliarem a evolução dos encarnados, colaboram com a própria evolução.
Crença na reencarnação	As sucessivas vidas contribuem para o aprendizado, o equilíbrio e a evolução de cada espírito.
Crença na Lei de Ação e Reação	Tudo o que se planta, se colhe. A Lei de Ação e Reação é respaldada pelo princípio do livre-arbítrio.
Crença na mediunidade	Todos somos médiuns, com dons diversos (de incorporação, de firmeza, de intuição, de psicografia etc.).

PARTE 4

Caboclos e Caboclas: alguns registros

Algumas características

Há, evidentemente, múltiplas versões para as histórias de cada Caboclo/Cabocla. Seriam lendas, suposições, flashes de várias encarnações ou retratos individuais de espíritos da mesma Linha ou Falange?

O fato é que, no anonimato, os espíritos da Direita ou da Esquerda trabalham para a sua evolução e daqueles que se colocam em seus caminhos.

Atuam no anonimato, uma vez que assumem nomes genéricos que, por sua vez, se desdobram para todos aqueles que trabalham numa mesma linha ou falange. Pouco importa situá-los no tempo e no espaço para que se encontre, por exemplo, cada Caboclo/Cabocla "original", uma vez que o trabalho, a segurança, a proteção, os ensinamentos, as lições são o que mais importam no desenvolvimento espiritual, na harmonização do ser, no reequilíbrio das forças.

No caso do Caboclo Pena Branca, por exemplo, há quem indique o Pena Branca "original" como indígena "brasileiro"; há quem o situe entre os indígenas da América do Norte: no fundo pouco importa, pois, em ambos os casos, trata-se de um diplomata que trabalhou pela paz entre os povos.

Para que o leitor não se perca em conjecturas históricas (Evidentemente importantes, contudo secundárias para que se perceba a vibração de cada Caboclo ou Cabocla.), privilegiamos os pontos cantados e as representações por meio de imagens ou pinturas. A partir desses elementos, será possível identificar as características gerais de cada Caboclo ou Cabocla. Vale lembrar que nada substitui o contato direto com esses Guias abençoados, sobretudo em giras.

Pontos cantados

Como visto, os pontos cantados compõem os rituais de Umbanda. Para cada Caboclo apresentado será citado um ponto cantado.

Caboclo Pena Branca

Quem manda nas pedreiras é Xangô
Protetor dos Caboclos de Umbanda
Seu Pena Branca é quem vence demanda
Seu Pena Branca é o Caboclo valente
Arrebenta a corrente

Meu Pai Oxalá
Seu Pena Branca é o Cacique da tribo
Derrota o inimigo do lado de lá

Caboclo Cobra Coral

Se a coral é sua cinta
A jiboia é sua laça
Oi, que zoa que zoa ê
Caboclo mora nas matas

Caboclo Tupinambá

Estava na beira do rio
Sem poder atravessar
Chamei pelos Caboclos
Chamei Tupinambá
Tupinambá chamei
Chamei mandei chamar, eá

No Reino dos Caboclos

Caboclo Sete Flechas

Rê, rê, rê
Caboclo Sete Flechas no congá
Saravá seu Sete Flechas
Que ele é o rei das matas
Com sua bodoque atira, oh, baramba
Sua flecha mata

Caboclo Jiboia

Se eu pego essa Jiboia
Não deixo ela fugir
Seu nome lá na aldeia é Jiboia
É Sucuri

Caboclo Arariboia

Estava em plenas matas quando tudo escureceu
Trovejou lá no céu, mas chover, não choveu
Eu me perdi, Seu Arariboia me achou
Com sua flecha de ouro, meu caminho ele guiou
O vento soprava forte e para o céu ele olhou
E dando um brado mais forte a mata clareou
A mata clareou, a mata clareou
Saravá Arariboia, nosso mestre e protetor
Quem anda com esse Caboclo não se perde, não senhor
A mata clareou, a mata clareou
Ele é Arariboia, nosso mestre de instrução
Eu ando com este Caboclo dentro do meu coração
A mata clareou, a mata clareou!

Cabocla Jurema

Ê Juremê, ê Juremá
Sua flecha caiu serena, Jurema
Dentro deste congá
Salve, São Jorge guerreiro
Salve, São Sebastião
Salve, a Cabocla Jurema
Que nos dá a proteção
Ê Jurema

Caboclo Arranca-Toco

Caboclo bom
É um irmão do outro
Um corta o pau
O outro arranca toco

Caboclo Beira-Mar

Na onda do mar, navega Beira-mar,
Na onda do mar é o Caboclo do Mar
Iemanjá traz a força do mar
Da sua força nasceu seu Beira-mar
Ogum respeita o céu
Ogum respeita a terra
Ogum respeita o ar
Ogum na água é o Caboclo do Mar

Cabocla Jupira

Estava em festa
Toda floresta estava em festa
Porque cantou o uirapuru
No seu cantar ele veio anunciar
Pois a Cabocla Jupira vai baixar
Na terra, ee
Pai Olorum ela vai baixar pra nos ajudar

Ela vai salvar a sua banda, a sua gira
Saravá, Pai Olorum, saravá
Acaba de chegar linda Cabocla menina
Mas ela tem a beleza que encanta
O olhar de uma santa
Que nos encanta
Jupira, "lnda" Cabocla menina
É portadora de uma mensagem divina
Ela é, ela é, ela é
A menina dos olhos do Cacique Aimoré

Caboclo Flecha Dourada

Lá na beira do caminho
Tinha uma estrela a brilhar
Encontrei Flecha Dourada
Com as cores de Oxalá
Auê Okê Bamboclim!
Auê Iemanjá!

Caboclinha da Mata

Caboclinha da Jurema
Onde é que você vai
Vou pra casa de Odé, no terreiro de meu Pai
De Aruanda, êee
De Aruanda, aah
De Aruanda, êee, Caboclinha de pemba
De Aruanda, aah

Caboclo Rompe-Mato

Na minha aldeia
Ele é Caboclo
Seu Rompe-Mato
E seu Arranca-Toco
Na minha aldeia
Lá na Jurema
Ninguém faz nada
Sem ordem suprema

Cabocla Juçara

Clarão ilumina a mata
Chuva cai, rio não para
Saravá Banda linda
Banda de Dona Juçara

Cabocla Jacira

Na fonte de água cristalina
Uma linda Cabocla se mira
Dos cabelos correm pérolas douradas
Tá na gira a Cabocla Jacira

Caboclo das Pedreiras

Caboclo reza pra Zâmbi
Lá no pé do Juremá
É o Caboclo das Pedreiras

Chegando pra trabalhar
Seu passo é firme, é de pedra
Sua voz já trovejou
Seu olhar queima a maldade
Na Linha de Pai Xangô

(Ponto escrito por Ademir Barbosa Júnior e apresentado ao Caboclo Pena Branca, que lhe colocou ritmo.)

Caboclo Sete Montanhas

Xangô brada na pedreira
Seu machado de ouro não se apanha!
Ele é rei, mas ele é rei na Umbanda
Saravá, meu filho, Caboclo Sete Montanhas

Pontos riscados – por que não reproduzi-los

Muito mais do que meio de identificação de Orixás, Guias e Guardiões, os pontos riscados constituem fundamento de Umbanda, sendo instrumentos de trabalhos magísticos, riscados com pemba (giz), bordados em tecidos etc.

Funcionam como chaves, meios de comunicação entre os planos, proteção, tendo, ainda, diversas outras funções, tanto no plano dos encarnados quanto no da Espiritualidade.

O ponto riscado de um determinado Caboclo Pena Branca, por exemplo, embora tenha elementos comuns, poderá diferir do de outro Caboclo Pena Branca. Portanto, pontos riscados que aparecem nos mais diversos materiais de estudos de Umbanda servem de base para a compreensão do tema, mas não devem ser copiados.

De qualquer maneira, embora também possam variar, existem elementos comuns para os diversos Orixás (e, consequentemente, para as Linhas que regem), conforme a tabela:

Iansã	Raio, taça.
Ibejis	Brinquedos em geral, bonecos, carrinhos, pirulitos etc.
Iemanjá	Âncora, estrelas, ondas etc.
Nanã	Chave, ibiri.
Obaluaê	Cruzeiro das almas.
Ogum	Bandeira usada pelos cavaleiros, espada, instrumentos de combate, lança.
Oxalá	Representações da luz.
Oxóssi	Arco e flecha.

Oxum   Coração, lua etc.
Xangô   Machado.

O tridente é um elemento comum nos pontos riscados de Exus e Pombogiras.

Como existem particularidades nos pontos de cada Orixá, Guia ou Guardião (Guardiã), para que não haja mistificação nem se influencie médiuns, em especial em desenvolvimento, não se reproduzem aqui pontos riscados.

Em todos os meus trabalhos, adoto a mesma postura para banhos, assentamentos e outros, abordando apenas de modo genérico e abrangente determinados tópicos, embora outros autores o façam com respeito, propriedade e orientação espiritual.

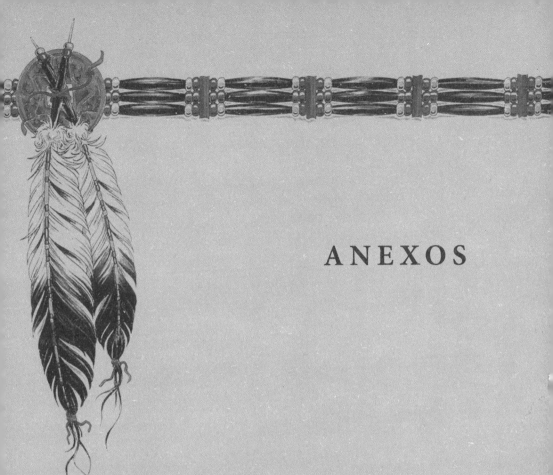

ANEXOS

Caboclo das Sete Encruzilhadas – Padre Gabriel Malagrida

Uma das encarnações do Caboclo das Sete Encruzilhadas, conforme visto, foi identificada por um médium na comunicação de 15 de novembro de 1908, ocorrida num centro espírita onde estava o médium Zélio Fernandino de Moraes, foi o Padre Gabriel Malagrida.

Segundo o Portugal Dicionário Histórico, a respeito do Padre Gabriel Malagrida[9]:

n. 18 de Setembro de 1689.
f. 21 de Setembro de 1761.

Jesuíta italiano, nascido na vila de Managgio, a 18 de Setembro de 1689.

Desde criança, deu provas de engenho e ao mesmo tempo duma tendência exagerada para o misticismo. Depois de completar em Milão os seus estudos entrou na Companhia de Jesus, em Génova, a 27 de Setembro de 1711.

Resolvendo dedicar-se às missões, saiu de Génova em 1721, seguindo para o Maranhão, onde os seus superiores o designaram para pregar, sendo depois nomeado em 11 de Outubro de 1723 pregador do colégio do Pará, e ali o encarregaram dos alunos. Não cessava, contudo, de missionar na cidade e

---

9. Respeitamos a ortografia do texto original.

nas aldeias circunvizinhas, até que lhe ordenaram que voltasse ao Maranhão, sendo desde logo escolhido para reitor da missão dos Tobajáras. De 1724 a 1727 demorou-se entre os selvagens, missionando sempre, correndo perigos, que afrontava intrepidamente, mas dando sempre provas do misticismo extravagante que tão fatal lhe havia de ser. Na narrativa das suas missões não se falava senão em vozes misteriosas que o avisavam; tudo são milagres e prodígios. Malagrida julgava-se favorito do céu[10]. Em 1727, por ordem dos superiores, voltou ao Maranhão para reger no colégio dos jesuítas a cadeira de belas letras, mas logo em 1728 voltou a catequizar os índios, conseguindo quase amansar uma das tribos mais ferozes do interior, a dos Barbados, entre os quais fundou uma missão, que teve logo grande

---

10. Note-se o tom incriminador das afirmações, o qual, ainda que inconscientemente, parece chancelar a condenação que sofreu Malagrida.

desenvolvimento. Em 1730 regressou ao Maranhão, e foi encarregado de reger ao mesmo tempo Teologia e belas letras. Em 1735 começou a missionar entre os colonos, seguindo do Maranhão para a Baía, e dali a Pernambuco, voltando enfim ao Maranhão. Durante 14 anos, até 1749, se conservou nestas missões granjeando neste tempo a fama de taumaturgo, e a denominação de apóstolo do Brasil. Em 1749 veio para a Europa, com a fama de santo, vindo tratar de arranjar dotações para os vários conventos e seminários que fundara. Depois de trabalhosa viagem chegou a Lisboa, sendo acolhido como santo, e a imagem, que trazia consigo, foi conduzida em procissão para a igreja do colégio de Santo Antão. D. João V, nessa época, estava muito doente, e acolheu de braços abertos o santo jesuíta, fez-lhe todas as concessões que ele desejava, e chamou-o para junto de si na hora extrema. Foi Gabriel Malagrida quem assistiu aos últimos momentos do monarca. Em 1751 voltou ao Brasil, mas não foi bem recebido no Pará, onde governava então o irmão do marquês de Pombal. Até 1754, demorou-se Malagrida no Maranhão, não pensando na catequese dos índios, mas missionando entre os cristãos, e fundando mais um convento e mais um seminário O bispo não lhe consentiu este último intento alegando que o concílio de Trento só ao prelado atribuía esse direito de fundação.

Em 1751 voltou a Lisboa, por ser chamado pela rainha, viúva de D. João V, D. Maria Ana de Áustria e encontrou no poder o marquês de Pombal. Este notável estadista que se propusera a regenerar Portugal, livrando-o da tutela dos jesuítas, não podia simpatizar com o taumaturgo. Não o deixando entrar na intimidade da rainha viúva, Malagrida partiu para Setúbal, onde depois teve a notícia da morte da soberana. O marquês de Pombal não se importou com aquele jesuíta santo, enquanto as suas santidades não contrariavam os seus projectos, mas o conflito era inevitável. Sobreveio o terramoto de 1755, estando Malagrida em Lisboa. Aquela catástrofe ocasionou um terror imenso na população da capital, e um dos grandes empenhos do marquês de Pombal era levantar os espíritos abatidos. Para isso mandou compor e publicar um folheto escrito por um padre, em que se explicavam as causas naturais dos terramotos, e se desviava a crença desanimadora de que fora castigo de Deus, e de que eram indispensáveis a penitência e a compunção. Saiu a campo indignado o padre Malagrida escrevendo um folheto intitulado: Juizo da verdadeira causa do terremoto que padeceu a corte de Lisboa no 1º de Novembro de 1755. Nesse folheto combatia com indignação as doutrinas do outro que Pombal fizera espalhar, atribuía a castigo de Deus o terramoto, citava profecias de freiras, condenava

No Reino dos Caboclos

severamente os que levantaram abrigos nos campos, os que trabalhavam em levantar das ruínas da cidade, e recomendava procissões, penitencias, e sobretudo recolhimento e meditação de seis dias nos exercícios de Santo Inácio de Loyola. O marquês de Pombal não era homem que permitisse semelhantes contrariedades. Mandou queimar o folheto pela mão do algoz, e desterrou Malagrida para Setúbal. Passava-se isto em 1756. O jesuíta imaginava que, com o seu prestígio de taumaturgo, podia lutar contra a vontade do marquês, e parece, que de Setúbal escreveu mais uma carto ameaçadora, carta, que depois do atentado dos Távoras em 3 de Setembro de 1758, podia ter uma terrível significação, e por isso Malagrida foi logo preso a 11 de Dezembro desse ano, transferido para o colégio da sua ordem em Lisboa, e no dia 11 de Janeiro de 1759, considerado réu de lesa-majestade, sendo transferido para as prisões do Estado. Sendo depois entregue à Inquisição, Malagrida foi condenado à pena de garrote e de fogueira, realizando-se o suplício no auto da fé de 21 de Setembro de 1761.

Fonte: http://www.arqnet.pt/dicionario/malagrida.html. Acesso em dez. de 2014.

Os Caboclos no Vale do Amanhecer

Em linhas gerais, o Vale do Amanhecer é uma religião sincrética que tem seu marco, no plano terreno, no ano de 1959, com os desdobramentos de sua fundadora carnal, Tia Neiva, com aprendizados no Tibete, com o Mestre Humahã.

A primeira comunidade do Vale do Amanhecer funcionou na Serra do Ouro, nas proximidades da cidade de Alexânia (GO). Depois de se mudar para Taguatinga, em 1969, alojou-se na zona rural de Planaltina, em região hoje conhecida como Vale do Amanhecer.

Pretos-Velhos e Caboclos trabalham nas Linhas dos Orixás em atendimentos ao público nos diversos templos espalhados pelo país.

Bibliografia

AFLALO, Fred. *Candomblé: uma visão do mundo*. São Paulo: Mandarim, 1996. 2 ed.

BARBOSA JÚNIOR, Ademir. *A Bandeira de Oxalá – pelos caminhos da Umbanda*. São Paulo: Nova Senda, 2013.

_____. *Curso essencial de Umbanda*. São Paulo: Universo dos Livros, 2011.

_____. *O essencial do Candomblé*. São Paulo: Universo dos Livros, 2011.

_____. *Guia prático de plantas medicinais*. São Paulo: Universo dos Livros, 2005.

_____. *Mitologia dos Orixás: lições e aprendizados*. São Bernardo do Campo: Anúbis, 2014.

_____. *Nanã*. São Bernardo do Campo: Anúbis, 2014.

_____. *Novo Dicionário de Umbanda*. São Paulo: Nova Senda, 2014.

_____. *Obaluaê*. São Bernardo do Campo: Anúbis, 2014.

_____. *Oxumaré*. São Bernardo do Campo: Anúbis, 2014.

_____. *Para conhecer a Umbanda*. São Paulo: Universo dos Livros, 2013.

_____. *Para conhecer o Candomblé*. São Paulo: Universo dos Livros, 2013.

_____. *Reiki: A Energia do Amor*. São Paulo: Nova Senda, 2014.

_____. *Transforme sua vida com a Numerologia*. São Paulo: Universo dos Livros, 2006.

_____. *Umbanda – um caminho para a Espiritualidade*. São Bernardo do Campo: Anúbis, 2014.

_____. *Xangô*. São Paulo: Universo dos Livros, 2013.

_____. *Xirê: orikais – canto de amor aos orixás*. Piracicaba: Editora Sotaque Limão Doce, 2010.

BARCELLOS, Mario Cesar. *Os Orixás e a personalidade humana*. Rio de Janeiro: Pallas, 2007. 4 ed.

BORDA, Inivio da Silva et al. (org.). *Apostila de Umbanda*. São Vicente: Cantinho dos Orixás, s/d.

CABOCLO OGUM DA LUZ (Espírito). *Ilê Axé Umbanda*. São Bernardo do Campo: Anúbis, 2011. Psicografado por Evandro Mendonça.

CACCIATORE, Olga Gudolle. *Dicionário de Cultos Afro-brasileiros*. Rio de Janeiro: Forense Universitária, 1977.

CAMARGO, Adriano. *Rituais com ervas: banhos, defumações e benzimentos*. Rio de Janeiro: Livre Expressão, 2013. 2 ed.

CAMPOS JR., João de. *As religiões afro-brasileiras: diálogo possível com o cristianismo*. São Paulo: Editora Salesiana Dom Bosco, 1998.

CARYBÉ. *Iconografia dos deuses africanos no Candomblé da Bahia*. São Paulo: Editora Raízes, 1980. (Com textos de Jorge Amado, Pierre Verger e Valdeloir Rego.)

CHEVALIER, Jean e GHEERBRANT, Alain (orgs.). *Dicionário de símbolos*. Rio de Janeiro: José Olympio, 2008. Tradução: Vera da Costa e Silva et al. 22 ed.

CIPRIANO DO CRUZEIRO DAS ALMAS (Espírito). *O Preto Velho Mago: conduzindo uma jornada evolutiva*. São Paulo: Madras, 2014. Psicografado por André Cozta.

CONGO, Pai Thomé do (Espírito). *Relatos umbandistas*. São Paulo: Madras, 2013. Anotações por André Cozta.)

CORRAL, Janaína Azevedo. *As Sete Linhas da Umbanda*. São Paulo: Universo dos Livros, 2010.

_____. *Tudo o que você precisa saber sobre Umbanda* (volumes 1, 2 e 3). São Paulo: Universo dos Livros, 2010.

FAUR, Mirella. *Mistérios nórdicos: deuses, runas, magias, rituais*. São Paulo: Pensamento, 2007.

FERAUDY, Roger. (Obra mediúnica orientada por Babajiananda/PaiTomé.) *Umbanda, essa desconhecida*. Limeira: Editora do Conhecimento, 2006. 5 ed.

D'IANSÃ, Eulina. *Reza forte*. Rio de Janeiro: Pallas, 2008. 4 ed.

LEONEL (Espírito) e Mônica de Castro (médium). *Jurema das Matas*. São Paulo: Vida & Consciência, 2011.

LIMAS, Luís Filipe de. *Oxum: a mãe da água doce*. Rio de Janeiro: Pallas, 2007.

LINARES, Ronaldo (org.). *Iniciação à Umbanda*. São Paulo: Madras, 2008.

_____. *Jogo de Búzios*. São Paulo: Madras, 2007.

LOPES, Nei. *Enciclopédia brasileira da Diáspora Africana*. São Paulo: Selo Negro, 2004.

LOURENÇO, Eduardo Augusto. *Pineal, a glândula da vida espiritual – as novas descobertas científicas*. Limeira: Editora do Conhecimento, 2010.

MAGGIE, Yvonne. *Guerra de Orixá: um estudo de ritual e conflito*. Rio de Janeiro: Jorge Zahar Editor, 2001. 3 ed.

MALOSSINI, Andrea. *Dizionario dei Santi Patroni.* Milano: Garzanti, 1995.

MARTÍ, Agenor. *Meus oráculos divinos: revelações de uma sibila afrocubana.* Rio de Janeiro: Bertrand Brasil, 1994. (Tradução de Rosemary Moraes.)

MARTINS, Cléo. *Euá.* Rio de Janeiro: Pallas, 2001.

_____. *Nanã.* Rio de Janeiro: Pallas, 2001.

MARTINS, Giovani. *Umbanda de Almas e Angola.* São Paulo: Ícone, 2011.

_____. *Umbanda e Meio Ambiente.* São Paulo: Ícone, 2014.

MARSICANO, Alberto e VIEIRA, Lurdes de Campos. *A Linha do Oriente na Umbanda.* São Paulo: Madras, 2009.

MOURA, Carlos Eugênio M. de (org). *Candomblé: religião do corpo e da alma.* Rio de Janeiro: Pallas, 2000.

_____. *Culto aos Orixás, Voduns e Ancestrais nas Religiões Afro-brasileiras.* Rio de Janeiro: Pallas, 2006.

MUNANGA, Kabengelê e GOMES, Nilma Lino. *Para entender o negro no Brasil de hoje: história, realidades, problemas e caminhos.* São Paulo: Global: Ação Educativa Assessoria, Pesquisa e Informação, 2004.

NAPOLEÃO, Eduardo. *Yorùbá – para entender a linguagem dos orixás.* Rio de Janeiro: Pallas, 2010.

NASCIMENTO, Elídio Mendes do. *Os poderes infinitos da Umbanda*. São Paulo: Rumo, 1993.

NEGRÃO, Lísias. *Entre a cruz e a encruzilhada*. São Paulo: Edusp, 1996.

OMOLUBÁ. *Maria Molambo na sombra e na luz*. São Paulo: Cristális, 2002. 10 ed.

ORPHANAKE, J. Edson. *Os Pretos-Velhos*. São Paulo: Pindorama, 1994.

OXALÁ, Miriam de. *Umbanda: crença, saber e prática*. Rio de Janeiro: Pallas, 2007. 2 ed.

PARANHOS, Roger Bottini (Ditado pelo espírito Hermes.). *Universalismo crístico*. Limeira: Editora do Conhecimento, 2007.

PIACENTE, Joice (médium). *Dama da Noite*. São Paulo: Madras, 2013.

_____. *Sou Exu! Eu sou a Luz*. São Paulo: Madras, 2013.

PINTO, Altair. *Dicionário de Umbanda*. Rio de Janeiro: Livraria Editora Eco, 1971.

PIRES, Edir. *A Missionária*. Capivari: Editora EME, 2006.

PORTUGAL FILHO, Fernandez. *Magias e oferendas afro-brasileiras*. São Paulo: Madras, 2004.

PRANDI, Reginaldo. *Mitologia dos Orixás*. São Paulo: Companhia das Letras, 2001.

RAMATÍS (Espírito) e PEIXOTO, Norberto (médium). *Chama crística*. Limeira: Editora do Conhecimento, 2004. 3 ed.

_____. *Diário mediúnico*. Limeira: Editora do Conhecimento, 2009.

_____. *Evolução no Planeta Azul*. Limeira: Editora do Conhecimento, 2005. 2 ed.

_____. *Mediunidade e sacerdócio*. Limeira: Editora do Conhecimento, 2010.

_____. *A Missão da Umbanda*. Limeira: Editora do Conhecimento, 2006.

_____. *Umbanda de A a Z*. Limeira: Editora do Conhecimento, 2011. (Org.: Sidnei Carvalho.)

_____. *Umbanda pé no chão*. Limeira: Editora do Conhecimento, 2005.

_____. *Vozes de Aruanda*. Limeira: Editora do Conhecimento, 2005. 2 ed.

RIBEIRO, Darcy. *O povo brasileiro: a formação e o sentido do Brasil*. São Paulo: Companhia das Letras, 1995. 2 ed.

RISÉRIO, Antonio. *Oriki Orixá*. São Paulo: Perspectiva, 1996.

RUDANA, Sibyla. *Os mistérios de Sara: o retorno da Deusa pelas mãos dos ciganos*. São Paulo: Cristális, 2004.

SAMS, Jamie. *As cartas do caminho sagrado*. Rio de Janeiro: Rocco, 2003. (Tradução de Fabio Fernandes.)

SALES, Nívio Ramos. *Búzios: a fala dos Orixás*. Rio de Janeiro: Pallas, 2005. 2 ed.

SANTANA, Ernesto (Org.). *Orações umbandistas de todos os tempos*. Rio de Janeiro: Pallas, 2006. 4 ed.

SANTOS, Orlando J. *Orumilá e Exu*. Curitiba, Editora Independente, 1991.

SARACENI, Rubens. *Rituais umbandistas: oferendas, firmezas e assentamentos*. São Paulo: Madras, 2007.

SELJAN, Zora A. O. *Iemanjá: Mãe dos Orixás*. São Paulo: Editora Afro-brasileira, 1973.

SILVA, Carmen Oliveira da. *Memorial Mãe Menininha do Gantois*. Salvador: Ed. Omar G., 2010.

SILVA, Vagner Gonçalves da. *Candomblé e Umbanda: caminhos da devoção brasileira*. São Paulo: Ática, 1994.

SOUZA, Leal de. *O Espiritismo, A Magia e As Sete Linhas de Umbanda*. Limeira: Editora do Conhecimento, 2008. 2 ed.

_____. *Umbanda Sagrada*. São Paulo: Madras, 2006. 3 ed.

SOUZA, Marina de Mello. *África e Brasil Africano*. São Paulo: Ática, 2008.

SOUZA, Ortiz Belo de. *Umbanda na Umbanda*. São Paulo: Editora Portais de Libertação, 2012.

TAQUES, Ivoni Aguiar (Taques de Xangô). *Ilê-Ifé: de onde viemos*. Porto Alegre: Artha, 2008.

TAVARES, Ildásio. *Xangô*. Rio de Janeiro: Pallas, 2002. 2 ed.

VVAA. *Educação Ambiental e a Prática das Religiões de Matriz Africana*. Piracicaba, 2011. (cartilha)

VVAA. *Orientações e Ações para a Educação das Relações Étnico-Raciais*. Brasília: SECAD, 2006.

VVAA. *Plano Nacional de Desenvolvimento Sustentável dos Povos e Comunidades Tradicionais de Matriz Africana 2013 – 2015*. Brasília: Secretaria de Políticas de Promoção da Igualdade Racial, 2013.

VERGER, Pierre. *Orixás – deuses iorubás na África e no Novo Mundo*. Salvador: Corrupio, 2002. (Tradução de Maria Aparecida da Nóbrega.) 6 ed.

WADDELL, Helen (tradução). *Beasts and Saints*. London: Constable and Company Ltd., 1942.

Jornais e revistas

A sabedoria dos Orixás – volume I, s/d.
Folha de São Paulo, 15 de julho de 2011, p. E8.

Jornal de Piracicaba, 23 de janeiro de 2011, p. 03.
Revista Espiritual de Umbanda – número 02, s/d.
Revista Espiritual de Umbanda – Especial 03, s/d.
Revista Espiritual de Umbanda – número 11, s/d.

Sítios na Internet

http://alaketu.com.br
http://aldeiadepedrapreta.blogspot.com
http://answers.yahoo.com
http://apeuumbanda.blogspot.com
http://babaninodeode.blogspot.com
http://catolicaliberal.com.br
http://centropaijoaodeangola.net
http://colegiodeumbanda.com.br
http://comunidadeponteparaaliberdade.blogspot.com.br
http://espaconovohorizonte.blogspot.com.br/p/
    aumbanda-umbanda-esoterica.html
http://eutratovocecura.blogspot.com.br
http://fogoprateado-matilda.blogspot.com.br
http://umbandadejesus.blogspot.com.br
http://fotolog.terra.com.br/axeolokitiefon
http://jimbarue.com.br
http://juntosnocandomble.blogspot.com

http://letras.com.br
http://luzdivinaespiritual.blogspot.com.br
http://mundoaruanda.com
http://ocandomble.wordpress.com
http://ogumexubaraxoroque.no.comunidades.net
http://okeaparamentos.no.comunidades.net
http://opurgatorio.com
http://orixasol.blogspot.com
http://oyatopeogumja.blogspot.com
http://povodearuanda.blogspot.com
http://povodearuanda.com.br
http://pt.fantasia.wikia.com
http://pt.wikipedia.org
http://religioesafroentrevistas.wordpress.com
http://templodeumbandaogum.no.comunidades.net
http://tuex.forumeiros.com
http://xango.sites.uol.com.br
http://www1.folha.uol.com.br
http://www.brasilescola.com
http://www.desvendandoaumbanda.com.br
http://www.dicio.com.br
http://www.genuinaumbanda.com.br
http://www.guardioesdaluz.com.br
http://www.igrejadesaojorge.com.br
http://www.ileode.com.br
http://www.kakongo.kit.net

http://www.maemartadeoba.com.br
http://www.oldreligion.com.br
http://www.oriaxe.com.br
http://www.orunmila.org.br
http://www.pescanordeste.com.br
http://www.priberam.pt
http://www.religiosidadepopular.uaivip.com.br
http://www.siteamigo.com/religiao
http://www.terreirodavobenedita.com
http://www.tuccaboclobeiramar.com.br

O Autor

Ademir Barbosa Júnior (Dermes) é umbandista, escritor, pesquisador e Pai Pequeno da Tenda de Umbanda Iansã Matamba e Caboclo Jiboia, dirigida por sua esposa, a escritora e blogueira Mãe Karol Souza Barbosa.

Outras publicações

TARÔ DE MARSELHA – MANUAL PRÁTICO

Ademir Barbosa Júnior (Dermes)

O Tarô consiste num oráculo, num instrumento de autoconhecimento, de observação e apreensão da realidade, consultado por meio de cartas.

Como as cartas (ou lâminas, numa terminologia mais técnica), nas mais diversas representações no tempo e no espaço, tratam de arquétipos universais – e o objetivo deste livro não é estabelecer a história do Tarô, o que diversos bons autores já fizeram –, todas as atenções se concentrarão no tipo de baralho estudado: o Tarô de Marselha.

Acompanha um baralho com 22 cartas coloridas, dos Arcanos Maiores.

Formato: 14 x 21 cm – 160 páginas

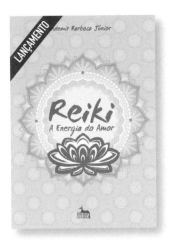

REIKI – A ENERGIA DO AMOR

Ademir Barbosa Júnior (Dermes)

Este livro resulta, sobretudo, do diálogo fraterno com reikianos, leitores, interlocutores virtuais e outros.

Não tem a intenção de esgotar o assunto, mas abrirá canais de comunicação para se entender ainda mais a vivência e a prática do Reiki.

Nas palavras de Jung, "Quem olha para fora, sonha; quem olha para dentro, acorda.". O Reiki é um excelente caminho para quem deseja viver conscientemente o dentro e o fora. Basta ter olhos de ver e abrir-se à Energia, no sistema Reiki, por meio de aplicações e/ou de iniciações.

Formato: 16 x 23 cm – 192 páginas

DICIONÁRIO DE UMBANDA

Ademir Barbosa Júnior (Dermes)

Este dicionário não pretende abarcar toda a riqueza da diversidade do vocabulário umbandista em território nacional e no exterior, muito menos das suas variações litúrgicas, das vestimentas, do calendário, dos fundamentos etc., a qual muitas vezes varia de casa para casa, de segmento para segmento.

Como critério de seleção, optou-se pelos vocábulos de maior ocorrência, contudo sem desprezar regionalismos, variantes e outros.

Vocábulos específicos dos Cultos de Nação aparecem na lista, ou porque fazem parte do cotidiano de algumas casas de Umbanda, ou porque se referem a práticas comuns nas casas ditas cruzadas.

Formato: 16 x 23 cm – 256 páginas

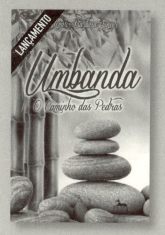

UMBANDA – O CAMINHO DAS PEDRAS

Ademir Barbosa Júnior (Dermes)

O resumo desse farto material compõe as narrativas que se seguem, nas quais, evidentemente, preservei as identidades dos encarnados e desencarnados envolvidos, bem como as identidades dos Guias e Guardiões, assim como as dos templos umbandistas.

Para facilitar a compreensão e privilegiar a essência dos casos estudados, cada narrativa é a síntese de visitas, conferências e exibições de casos, sem que se aponte a cada instante qual o método utilizado.

As narrativas possuem caráter atemporal e representam algumas das sombras da alma humana, em constante evolução, com ascensões e quedas diárias. Tratam de situações que ocorrem em qualquer ambiente, recordando o conselho crístico de orar e vigiar.

Formato: 14 x 21 cm – 144 páginas

Dúvidas, sugestões e esclarecimentos
E-mail: ademirbarbosajunior@yahoo.com.br
WhatsApp: 47 97741999

Distribuição exclusiva

www.aquarolibooks.com.br